杨永生 主编

中国建筑名师丛书

沈理源

沈振森 顾放 著

中国建筑工业出版社

图书在版编目（CIP）数据

沈理源/沈振森，顾放著.—北京：中国建筑工业出版社，2011.11
（中国建筑名师丛书）
ISBN 978-7-112-13621-6

Ⅰ.①沈… Ⅱ.①沈…②顾… Ⅲ.①沈理源（1890~1950）-生平事迹 Ⅳ.①K826.16

中国版本图书馆CIP数据核字（2011）第195448号

责任编辑：王莉慧 李 鸽 徐 冉
责任设计：陈 旭
责任校对：刘梦然 陈晶晶

中国建筑名师丛书
杨永生 主编
沈理源
沈振森 顾 放 著
*
中国建筑工业出版社出版、发行（北京西郊百万庄）
各地新华书店、建筑书店经销
北京嘉泰利德公司制版
北京建筑工业印刷厂印刷
*
开本：850×1168毫米 1/32 印张：$5\frac{5}{8}$ 字数：135千字
2012年5月第一版 2012年5月第一次印刷
定价：22.00元
ISBN 978-7-112-13621-6
（21367）
版权所有 翻印必究
如有印装质量问题，可寄本社退换
（邮政编码 100037）

沈理源（1890~1950）

　　中国近现代建筑史上一位很有作为的建筑师，早期建筑实践的先驱者。他在建筑设计、建筑史研究、建筑教育及社会活动等多个领域都作出过开创性的贡献。他的建筑作品为近代中国建筑史增添了光辉。在中国第一代建筑师当中，他较早留学归国，较早经营建筑师事务所，最早投入文物建筑保护及其测绘工作，为国内建筑界翻译了第一部世界建筑史教材……无论从设计、教学或是著述角度看，沈理源都是一位值得纪念的建筑师。

·代序·

回忆恩师沈理源

王炜钰[①]

沈理源先生,生于1890年,卒于1950年,享年60岁。从他留学归国工作到去世只有短短的35年(1915~1950年),但是这一阶段他在国内的建筑作品已有40多例。无论是从建筑类型、建筑规模,还是建筑作品的数量,都可以称之为"最"。他的作品丰富多彩,从西洋古典建筑风格、折中主义风格到摩登建筑风格;从普通砖混结构的小住宅到大跨结构的剧院、银行、商场等类型的公共建筑,论"质"论"量",在当时的历史背景之下,国内很少有建筑师能与他相比,因此他首先是一位杰出的建筑师。

沈理源先生同时也是中国近代建筑史上的一位先驱者。他1915年学成回国,比第一代建筑家梁思成、杨廷宝等还早十多年。他设计的建筑在20世纪20年代初就已经颇具影响,他测绘的胡雪岩故居平面图是目前发现的由我国建筑师用现代测绘方法完成

---

① 王炜钰,1924年出生,清华大学建筑学院教授,1945年毕业于北大工学院建筑系。全国人大第三、四、五届代表,中国室内建筑师学会资深会员。

的最早的建筑测绘图。

沈理源先生还是一位出色的建筑教育家。他在北平大学艺术学院、北京大学工学院、天津工商学院都曾担任过建筑系主任、教授。并亲自编译、出版英国人班尼斯特·弗莱彻（Banister Fletcher）所著的《弗莱彻建筑史》，这是我国第一部中文的西洋建筑史专著，很长一段时间这本巨著成为建筑教学中西洋建筑历史的重要参考教材。

工作中，常能忆起恩师沈理源先生，而每当此时，总会油然而生崇敬之情。在我的记忆中，沈先生在设计课堂上，与别的老师有一个很大的区别就是"言传身教"、"以身示范"。不论是多么复杂的建筑细部，总是不厌其烦地在学生草图的旁边，用铅笔徒手画出它的细部，而且边画边讲。一个西洋古典建筑的外檐很快地几笔勾勒出来，特别是细部的处理。他不但为学生仔细分析它的比例关系，而且分析在应用中怎样和建筑的大比例关系结合，怎样会使人感到"隽秀"，怎样会使人感到"庄重"，应该怎样去注意人的视觉角度的"错视"。他在讲解的时候，总是用剖面来说明问题。沈先生的谆谆教诲，真是让我们有"茅塞顿开"之感。

沈先生对西方古典建筑的博大精深在于他对西方古典建筑神韵的掌握。而作为学生我们更深地感受到的则是他作为教师对学子亲切的关爱，认真负责的态度，崇高无私的奉献精神，以及他那满腔热情的治学态度。我记得当年沈先生教我们设计课的时候，他同时在天津工商学院也兼课，而且在天津还有他自己的华信工程司的一些工程任务。所以每周都要京津两地往返，十分辛劳，但是在课堂上，看到的沈先生总是那样热情饱满地在讲、在画、在评析学生的作业。我们都知道他在校外的工作很忙，不敢在课时外去讨教，恐怕耽误他的宝贵时间，但是沈先生却常常因为对学生的设计太投入而主动地约学生到他北京的家里改图，作个别辅导。现在回想起来真觉得在我大学期间能够遇到这样一位品德高尚、学术渊博，在教学上诲人不倦，在设计上一丝不苟的好老师，真是终身受益。

沈理源先生一生经历了清朝末年、北洋政府、国民政府、日伪时期、新中国共五个历史阶段。因此，今天来评价沈理源先生，应将他放在特定的历史背景下，从多个角度来解读。沈先生的一生是丰富多彩的，无论是在他所经营的华信工程司，还是在政府部门，或是在建筑院校的讲台上，都曾取得过很大的成就。沈理源先生不仅是中国近现代建筑史中的一位有突出贡献的建筑先驱者，一位出色的建筑教育家，同时在新中国的解放事业中也作出了重要贡献，值得我们永远崇敬和纪念！

在沈振森、顾放所著《沈理源》即将出版之际，应邀为这本书写序，实不敢当。现谨将我对恩师的回忆，为本书代序。在本书中作者全面地搜集了沈理源先生的建筑作品以及他的专业理念并结合当时那个历史年代和他本人的经历，作了深入的分析和评价。我相信这本书的出版，必将对后人研究、学习这段时间建筑发展的历史和历史人物提供珍贵的参考。

2010.12.20.

· 前言 ·

先驱者的足迹

沈理源先生（1890~1950年）是我国近现代建筑史上一位很有作为的建筑师。作为我国早期的建筑实践先驱者，沈理源先生在建筑设计、建筑教育、建筑历史研究等多个领域都取得了成就，他是一位阅历丰富的建筑学家和建筑教育家。他的一生经历了中国近现代洋务运动、五四运动、外来殖民侵略、国内革命战争等多个历史文化阶段，所以他同时又是中国近现代建筑萌生、发展的亲历者。沈理源先生1915年学成回国，比第一代建筑家梁思成、杨廷宝等还早十多年，比较早从事建筑师行业的庄俊大师留学时间还要早[①]。遗憾的是，沈理源先生去世较早，所留遗物寥寥无几，身边故事也随岁月逐渐模糊逝去……如今，仅凭沈理源先生遗留下来的一点点零散足迹，来还原和丰满他这样一位先驱建筑师形象，则需要我们把目前发现的有限线索放在他同时代的历史环境中，并以同时代建筑师为参照，才可能重现这样一位建筑大师应有的光辉。

沈理源先生的一生是丰富多彩的一生。他无论是在华信工程

---

① 庄俊1910年留学美国，沈理源1908年留学意大利。

司还是在政府部门抑或在建筑院校，都取得了不凡的成就。

（1）就其建筑创作成就讲，他一生所设计建成的建筑作品无论是建筑类型还是建筑风格，都极其丰富。从西洋古典建筑到摩登建筑、从普通砖混结构建筑到大跨结构建筑、从普通住宅到公共建筑，类型十分丰富。例如：银行、教学楼、办公楼、影剧院、体育馆、各种住宅等等。

（2）就其历任职务讲，他曾在不同历史时期先后任民国黄河水利委员会工程师、华信工程司主持人、北平大学艺术学院建筑系教授、北平大学工学院建筑系教授、天津工商学院建筑系主任、教授。新中国成立后，在短短一年的时间里，还兼任北京中央人民政府贸易部总工程师、天津市政府建设委员会总工程师等职。

（3）就其教育成就讲，他在北京大学，天津工商学院都曾长期担任建筑系主任、教授，并亲自翻译、出版了英国人班尼斯特·弗莱彻（Banister Fletcher）所著《弗莱彻建筑史》，为我国建筑业培养了大量优秀建筑人才。

如今沈理源先生已离我们而去60年了。60年的岁月淡去了多少珍贵的记忆！60年的岁月抹去了多少可追溯的历史！但是沈理源先生留下的足迹却分明地告诉我们，在近现代中国建筑史上，还有这样一位建筑师，他1915年便留学回国，他的华信工程司是当时较有影响的几大建筑师事务所之一，他很早就重视文物保护工作，最早用现代测绘方法对中国古建筑进行测绘，他在当时较有影响的北大工学院和天津工商学院建筑系都长期担任教授、系主任，他翻译出版的《西洋建筑史》为我国建筑院系学生提供了第一部中文版的世界建筑史教材……

目 录

- 代序 · 回忆恩师沈理源
- 前言 · 先驱者的足迹

开拓未来——沈理源的建筑之旅 ································ 1
 最早的建筑留学生之一 ·· 2
 走向建筑圣堂 ·· 4
 经营华信工程司 ·· 10
 平民建筑师 ··· 18
 西洋建筑文化传播者 ··· 19

硕果累累——沈理源的建筑作品 ································ 21
 首开测绘先河 ·· 26
 创造剧院辉煌 ·· 29
 银行建筑大师 ·· 33

尝试摩登建筑	63
清华园内的现代风	70
天津的小洋楼	78
沈理源的改建作品	89
两个建筑现象的思考	93

播种希望——兼重建筑教育的建筑师 ········· 97
两系身影	98
教学实践	102
桃李满天下	109
《西洋建筑史》	114

历史为证—— 一位值得纪念的建筑大师 ········ 121
院系、同行、事务所——从建筑实践看沈理源	123
教授、总工、地下党——从社会活动看沈理源	131
朋友、后人、座谈会——从周围人看沈理源	136

附表1	1930年以前留学毕业的部分中国建筑师简介	144
附表2	沈理源大事年表	147
附表3	沈理源先生部分作品表	149
附记	天津大学建筑学院前身及其古建测绘史	153
参考文献		160
后记		164

开拓未来——沈理源的建筑之旅

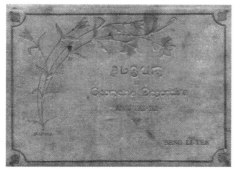

沈理源留学时期的画法几何作业集

最早的建筑留学生之一

1890年7月12日,浙江余杭①,沈理源出生于一个清末小盐官家庭。随着最后一个封建王朝的没落,作为一个普通小官吏家庭,沈家过着虽不富裕但也温饱的生活。

沈理源在家谱上的名字叫"沈锡爵",这是沈理源先生最早的名字②。另外,沈理源还有一个名字"沈琛",也是沈理源较早时使用的一个名字。沈理源的童年时值我国处于一个非常屈辱的时期,1894年清政府在中日甲午海战中战败,被迫签订《马关条约》。从而加剧了中国社会半殖民化进程,使中华民族进入了一个多灾多难的年代,同时它也成为中国近代民族觉醒的一个重要转折点。1900年八国联军入侵并镇压了义和团运动,逼迫清政府签订了丧权辱国的《辛丑条约》,从此帝国主义对中国的侵略进一步加剧,列强瓜分中国的局势已经形成,清王朝逐步走向衰落直至崩溃。灾难一步步把我们的祖国推入了水深火热的黑暗中,救亡图存的呼声一浪高过一浪,"鼓民力、开民智、兴民德""提倡西学"

---

① 余杭地处浙江省北部,位于杭嘉湖平原和京杭大运河的南端,是长江三角洲的圆心地,是"中华文明曙光"——良渚文化的发祥地,素称"鱼米之乡,丝绸之府"。余杭山水钟灵毓秀,人杰地灵,诞生了像宋代科学家沈括,近代国学大师章太炎这样一些名垂青史的大家。

② 沈理源女儿沈韵梧提供资料。

成为大势所趋。在这种社会背景下,沈理源度过了他的童年和少年时代。

沈理源的中学时代是在上海南洋中学度过的。南洋中学创建于1896年,素有"国人自办第一校"之称,享誉海内外。以教育上乘、设施先进、校园美丽、人才辈出而闻名沪上。该校一直以教学严格,师资优秀为特点。早在王培孙校长时代,国语和英语的学习就要求比较高。初中时读《孟子》、《左传》、《史记》等,高中时读唐宋八大家等的文章。学校大量课程的教学都采用英文版本的教科书,并用英文授课。该校高中三年级时物理化学已采用大学教材,学校不设学监,实行淘汰制教学[①]。因此从该校毕业出来的学生,英文还有其他基础课的功底都很扎实。该校一百多年来一直秉承王培孙先生"自主求实"[②]和"爱国主义、教育兴国"[③]的办学方针,努力为社会培养志士英才。在如此严格的教学氛围中,这所学校里诞生了文学泰斗巴金,国际摄影大师郎静山,外交家顾维钧及十二位两院院士等,并培养了像沈理源、庄俊、佘畯南等当代著名建筑大师。

自中日甲午战争战败后,国势日危,朝野上下竞言自强,"非变法不足以图存"成为共识。而启发民智,培养人才实则成为强国之根本。内忧外患的政治局势强烈地刺激了中国的有识之士,时任天津水师学堂总办的严复,先后发表《论世变之亟》、《原强》等文章,在天津对封建专制体制予以猛烈的抨击,并向国人疾呼:

---

① 周祖奭先生采访录(周先生是当年南洋中学毕业生,天津大学建筑学院教授)。

② 南洋中学105年校庆北京校友会贺信。自主:南洋中学自编教材,自订学校章程,以外文教科书为教材,抵制清政府的封建教育和国民党政府的党化教育,不断改革教育体制,改善课程的设置,不设学监、舍监,鼓励学生自治、自爱;求实:注重知行并进,崇尚科学,因材施教。

③ 陆象贤105年校庆文《深切怀念王培孙教育思想》。

鼓民力、开民智、兴民德。他主张废除八股，提倡西学。越来越多的有识之士鼎力创建新式教育，一股主张向西方学习，兴办新式教育的潮流猛烈地激荡在中华大地上。"西学救国"，"师夷长技以制夷"等观念深入人心，出洋留学便成了许多青年人的选择。沈理源的中学时代是在上海度过的，20世纪初的上海处于中国半殖民地半封建社会城市的最前沿，西洋先进的科学文化技术以及以此为基础的侵略与掠夺激励着像青年沈理源一样的年轻学子们奋发图强，负笈出洋，学夷长技，报效祖国。

我国的第一代建筑留学生就是在这种大气候下应运而生的。20世纪初，他们带着对知识的渴望漂洋过海，带着对祖国的热爱学成归来，为近代中国的建筑事业作出了不朽贡献。中国比较早的建筑留学生有贝季眉、沈理源、庄俊、关颂声、朱士圭等，他们在20世纪20年代前就毕业回国，随后，范文照、赵深、刘敦桢、吕彦直、杨廷宝、刘福泰、梁思成、林徽因、童寯等先后学成回国，壮大了中国建筑师队伍。

1908年，18岁的沈理源从上海南洋中学高中毕业，因学习成绩优异，经学校推荐转入意大利拿波里大学（今那不勒斯大学）学习，开始了七年的留学生涯。同时，与沈理源同为第五届校友的庄俊在上海毕业后，进唐山交通大学，1910年留学美国，进入伊利诺伊大学建筑工程系。

走向建筑圣堂

1908年，沈理源来到意大利拿波里大学[①]。拿波里大学是意

---

① 根据天津大学冯建逵先生及沈理源后人讲，沈理源在意大利共七年多时间，由1915年回国推算，出国时间最晚应为1908年。

大利有名的几所大学之一,也是欧洲的著名学府。初到拿波里大学时沈理源攻读的是水利工程,后来改学建筑学①。

"拿波里"(NAPOLI)现名"那不勒斯"(NAPLES),它是意大利仅次于罗马和米兰的第三大城市,是地中海著名海港。这里风光秀丽,景色宜人,大海、太阳、火山、古城,令人流连忘返,是地中海最著名的旅游风景胜地之一。拿波里地区早在古希腊时代就拥有了自己的文明,并建筑了相当著名的神庙,修建了著名的庞贝古城,到古罗马和中世纪时,拿波里已经发展成意大利半岛上一个文化先进、经济繁荣的大城市。从地理位置看,拿波里(图1)位于意大利中部,其东侧就是闻名于世的古城——庞贝,这是

图1 拿波里地理环境图(汉字为作者注)
(资料来源:A History of Architecture Nineteenth Edition)

---

① 政协天津市委员会文史资料研究委员会.天津近代人物录.天津:天津市地方史志编修委员会总编室出版,1987:192;卢绳.天津近代城市建筑简史.天津文史资料选辑·24辑.天津:天津人民出版社,1983。

一座古城废墟,公元79年8月被威苏维火山爆发淹没,1900年后经发掘重见天日。其北部是有着悠久历史和灿烂建筑文化的罗马城,再向北就是佛罗伦萨和水上城市威尼斯,几大城市散布于意大利的中北部地区,共同构成意大利悠久历史文明的几大核心地带。

意大利是一个教育历史悠久、教育水平发达的国家,1222年创立的帕多瓦大学(PADOVA)、1224年创立的那不勒斯大学(NAPOLI)、1303年创立的罗马大学(ROMA)和1405年创立的都灵大学(TORINO)都成为欧洲著名学府。

沈理源1908年留学于拿波里大学。拿波里城的周边环境为建筑学子们提供了良好的实物教材,附近的庞贝古城是一座近两千年的大型文物化石宝库,城内千姿百态的人物雕塑、器皿和建筑残迹带给人们的是对建筑文化的热爱,对古文物的爱惜和对考古的重视。沿半岛北行,从古罗马城的角斗场、万神庙到佛罗伦萨的天主大教堂、文艺复兴的著名建筑群再到威尼斯的圣马可广场等,建筑艺术的光辉使每一位到意大利的外国人都激动不已。沈理源留学这段时间,正是欧洲建筑界折中主义和新建筑运动并行时期,古典建筑的巨大感染力和现代建筑的强有力冲击波交杂在一起,深深地影响着每一位建筑学子。沈理源也不例外,他对西洋古典建筑尤其是文艺复兴建筑的形式与做法以及现代建筑的科学性与新审美产生了浓厚兴趣。这一点从两个方面可以得到佐证,一是他从水利专业转向了建筑学专业的学习,一是他回国时带回大量原版建筑图版资料,这些都为他回国后从事建筑创作奠定了重要的基础。

20世纪初西方的建筑教育基本都在沿用学院派的传统教育方式,以注重训练几何构图和把握建筑比例关系及熟练掌握柱式规则为特点。沈理源在拿波里大学接受的建筑教育也同样是学院派的传统教学体系,大到建筑物比例尺度,小到线脚石缝、虚实阴影都十分注重学生基本功的训练。在攻读建筑学科时,沈理源的功课做得很认真,这一点从他带回国的类似"画法几何"(DISEGNI DI GEOMETRIA PROIETTIVA)的作业集(图2)中可见一斑。"作业集"是一本8开纸大小的精装本,100页左右,每一页是一篇独立的作业。这是他在1911~1912年间在拿波里大学的画法几何训练作业。"作业集"用硬皮绒布精装,随便翻开一篇作业,都会发现教课老师和沈理源本人的签名以及学校的盖章。作业都是用墨线笔画出的,线型粗细大约在0.1毫米,图画得极精细,虚线密且均匀,每一张图都画得认真仔细(图3)。近百页如此细致的基本功练习,反映了沈理源扎实的绘图基本功,同时也反映了拿波里大学在美术基本功及绘图素养上的严格要求,这些都为之后沈理源熟练地掌握画图比例和娴熟的画图技巧打下了深厚的基础。

图2 沈理源画法几何作业扉页(资料来源:顾放收藏)

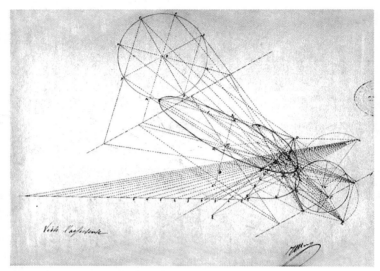

图3 沈理源画法几何作业（资料来源：顾放收藏）

关于沈理源在拿波里大学的学习情况如学籍、成绩、专业课程等因条件所限目前尚不清楚。

沈理源回国时，带回大量建筑资料，随着"文革"浩劫大量已经散失，现在能够看到的都是些零散的材料，如《极东大观》（Bird's-Eye View of the Far East）是一本散装的日本版图册，8开纸大小，都是些西洋古典式的建筑图片，建筑物所属地域涉及日本和东南亚诸国，纸质和印刷质量都很好。另有一些散页，如北欧国家建筑室内外图片（图4），赖特的草原式住宅（图5）、有机建筑等图片。这些图片从意大利带回中国，至少说明两个问题：首先，沈理源先生珍惜这些图片，因此才带回国。其次，沈理源先生在建筑领域有着广泛的研究兴趣，不仅关注西洋建筑还涉及东方建筑，不局限于古典建筑还涉及现代建筑。

沈理源先生对西洋建筑的学习和研究兴趣不仅限于古典建筑，

图4 沈理源的外文原版建筑资料（资料来源：顾放收藏）

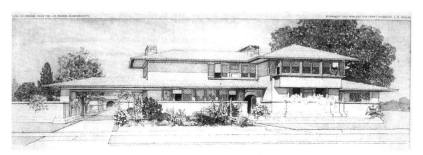

图5 沈理源的外文原版建筑资料——赖特草原式住宅（资料来源：顾放收藏）

像赖特等的现代主义建筑也在他的研究之列。一个建筑师的兴趣与作品风格是与他所处的时代和社会背景分不开的。沈理源归国初期所做大量西洋古典式样的建筑是受当时文化及社会环境的影响，后来能迅速转向现代建筑并取得卓著成绩是和他广泛的研究兴趣分不开的。

另外，在整理沈先生遗物时，还发现三包 1922~1925 年的外文原版建筑图片。[1]这些图片涉猎建筑范围非常广泛，从城市规划（鸟瞰图）到建筑单体到桥梁和纪念物，从室内装饰到门窗、栏杆详图，图片内容丰富而精细。这些都为他后来的建筑创作提供了有益帮助。值得注意的是，沈理源先生 1915 年就已经回国，这批 1922~1925 年的外文原版建筑资料从何处来？这个问题恐怕已经无从查起，但它至少说明沈理源先生归国后一直关注着世界建筑动态，对世界建筑发展动向及风貌较为了解。

经营华信工程司

经过七年多的留学生涯，沈理源于 1915 年回国，时年 25 岁。这时的中国，政治上，经过 1911 年的辛亥革命，清王朝统治已经土崩瓦解；思想上，各种思潮多元共存直接影响着建筑思潮的走向；经济上，第一次世界大战之后帝国主义对中国的侵略和扩张力度减小，从客观上促进了近代民族工商业的迅速发展。民族经济的蓬勃发展促进了建筑业的振兴，中国人开办自己的建筑设计事务所和兴办建筑教育的客观条件已经成熟。

建筑师作为一个新的职业在中国出现，是在 19 世纪下半叶。鸦片战争之后，随着中国被迫开放门户，一些西方职业建筑师也随着其他西方移民一起逐步进入中国，这些建筑事务所大多以"洋行"为名。如上海的玛礼逊洋行（即上海通和洋行）[2]，天津的永

---

[1] 由顾放先生收藏。
[2] 由英籍建筑师艾金森于1894年创立。

和工程司①、景明工程司②以及同和工程司天津分公司③等。帝国主义者在中国通商口岸租界区内大批建造各种新型建筑，如领事馆、工部局、洋行、银行、住宅、饭店等，在内地也零星地出现了教堂建筑。到20世纪初，西式建筑影响逐步扩大，新建筑体系在中国初步形成。

回国之初，沈理源先生就任当时国家黄河水利委员会的工程师之职，国内建筑业的繁盛景象触动了沈理源。虽然当时中国建筑师执业的情况寥寥无几，沈理源还是在1916年左右离开黄河水利委员会，以他开创性的眼光把注意力投入到建筑设计中来。初期，他在北京与一位结构工程师合作完成了北京前门外的劝业商场重建设计和北京东安门大街的真光电影院设计④。后来在对建筑设计的不断追求中，沈理源逐渐转入到职业建筑师的行列中来。

随着20世纪二三十年代民族工商业的蓬勃发展，中国近代建筑的历史进入重要的发展时期。其标志是中国近代建筑教育兴办并日益完备，中国建筑团体先后成立，学术活动得以开展，中国建筑师逐渐成长，建筑设计活动兴盛，如上海、天津、北京、南京等大城市和一些省会城市，建筑活动日益增多。南京、上海分别制定了《首都计划》和《大上海都市计划》，建造了一批行政建筑、文化建筑、居住建筑。中国人的建筑事务所陆续开业，中国建筑师迎来了近代建筑史的"自立"时期。早期由中国留学归国的建筑师开设的建筑事务所较早的有：

华信工程司（1920年以前创建）

---

① 由法国人赫琴和慕乐（Muller）合作。
② 由英国人赫明与帕尔克因二人合作。
③ 由英国人爱迪克生和道拉斯共同组成，驻津代表为苏格兰人伯内特。
④ 张复合.中国近代建筑总览·北京篇.北京：中国建筑工业出版社，1993。

基泰工程司（1921年成立于天津）

彦记建筑师事务所（1921年建于上海）

华海建筑师事务所（1922年建于上海）

一个地方的建筑业是与该地区本土文化和经济的繁荣相联系的。天津在这个时期建起了大量的银行商场和别墅，天津经济文化的发展也成为建筑事务所选址天津的重要原因。在近代中国建筑师开办事务所的历史上，沈理源较早地开始了他的事务所执业生涯，并把华信的主要工作地址选在了天津。

华信工程司是留学生经营建筑事务所中最早的一个，它的由来到现在为止仍然是一个谜。1984年《天津文史资料选辑·24辑》发表卢绳的《天津近代城市建筑简史》说，华信初建时由外国人经营，1931年左右改由沈理源经营。伍江的《近代中国私营建筑设计事务所历史回顾》[①]中说华信最早由沈理源和杨润玉、杨玉麟创建于上海，并有华信工程司设计的上海愚园路公寓（建设年代不详）等作为建筑实证。查找天津市档案馆、城建档案馆的社会局、工务局档案，由于年代不全，并未发现有关华信的早期活动资料。对于华信的由来以及什么时候沈理源经营华信工程司，目前还找不到可靠资料。但是民国9年（1920年）由华信工程司建筑师沈理源测绘并签名的杭州胡雪岩故居测绘图（详见"首开测绘先河"部分）的发现证明了这样一个事实：沈理源最晚1920年即已主持华信工程司的工作。

在不断展开的建筑实践中，沈理源先生取得了建筑师执业资格，并在京津一带开始主持华信工程司工作。随着1932年3月《北平市土木技师、技副执行业务取缔规则》的公布，北京市第一次对土木技师（建筑师）的业务活动进行了明确规定。至1932年9

---

① 时代建筑，中国建筑工业出版社，2001.1.

月，北平市工务局准予执行业务并发给执照的土木技师（建筑师）技副共 14 人，[1]其中有沈理源、钟森、关颂声、杨廷宝等人。沈理源是北平市第二个注册登记的建筑师。至此，沈理源开始全面开展建筑设计业务，业务范围遍及京、津、沪、杭等地。

早年在北京工作期间，沈理源曾住在史家胡同，20 世纪 40 年代后住在椿树胡同。椿树胡同位于大栅栏附近，是当时北京的商业繁华地段。在这附近沈理源设计了盐业银行北京分行、劝业场、开明电影院等建筑，后来在清华园设计了新林院住宅和系列教学楼。

大约 20 世纪 20 年代末 30 年代初，沈理源在上海也有过大量建筑活动。20 年代的上海市中心区基本为外国租界把持。在孙中山早年建国方略指导下，建都南京的国民政府迫切要求站稳上海，控制上海，绕开租界谋求上海新发展便成为当局《大上海计划》的规划重点。1929 年《上海市市中心区域计划》启动，向国内外征集市中心区域行政区的总体方案。赵深和夫人孙熙明获得这次竞赛的一等奖，据记载沈理源也参加了这次规划竞赛。另据 1928 年 11 月 4 日的《图画时报》记载，"上海市公务局征求房屋标准图样揭晓，出租市房第一名（为）沈理源绘正面及剖面图等"[2]。30 年代，华信工程司在上海设计有多处建筑作品，较有名的有：上海中华劝工银行、上海愚园路住宅、上海三民路住宅、上海政同路住宅等。这一时期，沈理源在上海华信的合作者有杨润玉、杨玉麟等。据后人回忆，作为沈理源学徒的顾宝琦 30 年代初也在上海工作过。

1936 年以后，华信在天津的地址就设在现在的洛阳道 21 号

---

[1] 汪坦，张复合主编.第四次中国近代建筑史研究讨论会论文集.北京：中国建工出版社，1993.

[2] 赖德霖.近代哲匠录.北京：中国水利水电出版社，知识产权出版社，2006.

图6 天津洛阳道21号积善里住宅

积善里住宅（图6）。这里既是住宅又是办公地点，一层办公，二层居住，当时沈理源一家数口住在楼上。在华信工作的人中有沈理源的学生也有徒弟，学生是指上过大学的专业人才，如冯建逵、陈式桐（女）等，徒弟则是指没有经过大学的专科训练但一直跟随沈先生接受实践训练的人才，如顾宝琦、姚丽生[1]、汪爱瑛（女）等。此外，曾为沈理源的华信工程司工作过的还有刘南策[2]、欧阳骖、黄庭爵[3]等。华信鼎盛时期，"沈理源还专门雇一个意大利人画建筑效果图，图画得很棒、很细致。"除了专业人员外，华信还雇有专门的晒图员和汽车司机，"华信有一辆自己的汽车，并雇有专门司机，沈先生出门谈业务或者讲课常常坐这部车"[4]。

在华信，沈理源对施工图的绘制要求很严格。那时做设计没

---

[1] 后来进入北京市建筑设计院，参加过人民大会堂的设计工作，擅长复杂的装饰设计，《西洋建筑史》中大量图版就是由姚丽生描绘的。

[2] 北洋大学土木系毕业，后留学日本。曾任北平政府技正。后任华北行政委员会建筑总署处长，任职期间做了一些保护北平古建筑的工作，与基泰公司合作，主持测绘北平故宫（林洙：《营造学社史略》）。

[3] 黄庭爵是沈理源在北平大学艺术学院建筑系的学生，后为天津大学建筑系教授。

[4] 冯建逵先生采访录。

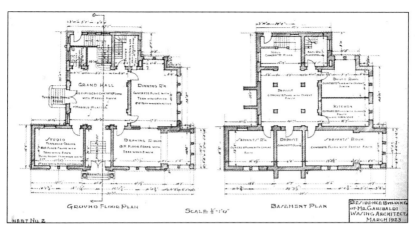

图 7　华信 1923 年蜡布图纸（资料来源：冯建逵先生珍藏）

有参考图集，他就要求细节一律画得仔细，施工图交给甲方后，还派驻设计代表负责现场协调工作，故而常常能以信誉赢得甲方。华信所使用的图纸有两种，一种是蓝图，纸质颜色与今天的蓝图相近。另一种是蜡布图纸（图 7），是在一种绢布上打蜡而成，图面颜色淡褐色，具有耐水，不宜损坏等优点。两种图纸从设计图年代或建筑用途看未发现明显区别，因为从 1921 年到 1937 年的住宅和银行建筑图纸看这两种图纸都分别使用过。华信的工程因为多数建在租界内，建筑图都要到租界所辖工务局批准（图 8），因此不少图的标注如说明、尺寸皆为英文标注。图签则使用"WASING ARCHITECTS"和"SENG LIYUEN ARCHITECT"等名字。华信工程的说明书由专人书写，用毛笔小楷在蓝图上书写而成（图 9）[①]。

另外，为了把工程构思表现得充分、生动，沈理源特意聘请意大利建筑师搞效果图绘制工作。这一点从幸存的一张地面大理石拼

---

① 冯建逵先生采访录。

图 8 法租界工务局公章
（资料来源：新华银行图纸档案）

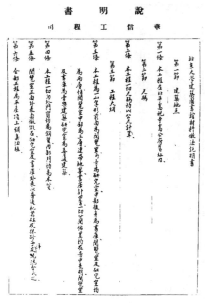

图 9 华信工程说明书
（资料来源：冯建逵先生珍藏）

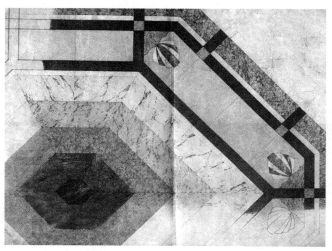

图 10 大理石拼花地面画样

花的图案中可以窥见一斑（图10）。图案是一张模仿大理石拼花的地面画样，用彩色铅笔在牛皮纸上绘制而成，其中的大理石纹理描绘的惟妙惟肖，作为建筑效果图，令我们不禁惊叹前人的工作认真以及深厚的绘图功底。沈理源先生对制图、表现、施工等都有严格的要求。西洋古典建筑以其繁琐的雕饰为特色，需要手艺较高的木匠才能做出效果，沈理源为此特意聘请了一位南方木匠来实现其某些构想。据沈匡德先生回忆说，那位木匠做门饰和柱头

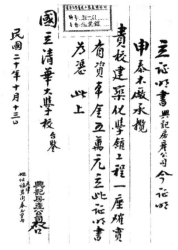

图11 化学馆工程合同书
（资料来源：清华大学校档案馆）

等颇得沈先生满意，但他死后，就很难再有木匠能做出满意的效果来了。沈理源重要工程的施工单位也是专门挑选的，一般选择木工技术较高的南方施工队伍。沈理源在天津的盐业银行和清华大学化学馆的施工（图11）就是长期与他有合作关系的申泰木厂完成的。

为确保工程的顺利进行，沈理源在各地工程现场都配有自己的工程监工（工程助手）。华信工程司在天津地区的现场工程监工为顾宝琦、姚丽生、陈学坚等。在清华大学的工程监工为刘南策。在沈阳的工程监工为欧阳骏。由于沈理源先生对工作的认真负责以及他细致而富有创意的设计风格，他在建筑界有着良好的信誉。因此华信在北京天津有着固定的客户关系，比如浙江兴业银行，交通银行（沈理源任交通银行顾问工程师），盐业银行，清华大学等单位。也因此产生了一些优秀的建筑作品，他的代表作有：天津盐业银行，浙江兴业银行，新华信托银行，北京真光电影院，清华大学化学馆等。

平民建筑师

考察新中国成立前沈理源的建筑作品，目前没有发现一例实施作品是政府部门的建筑。也就是说，沈理源先生建筑设计的业务来源不依靠官方的关系，而是全凭平民化商业竞争与信誉。相比之下，当时的大量建筑事务所都在一定程度上依靠通过政府关系或与政府部门打过交道，如董大酉的上海特别市政府大楼（1933年），华盖的南京国民政府外交部（1934年），而基泰事务所则因"大老板关颂声与国民党的党政金融机关头面人物都很熟"[1]而拥有大量官方建筑业务来源。考察新中国成立前沈理源的社会任职，除了归国初期在黄河水利委员会任工程师，从事建筑设计以来，目前未发现他任何一个政府职能部门的任职。从这个意义上讲，应该说沈理源是一位平民建筑师。

沈理源平民建筑师的特点还表现在他工作和待人处世的态度上。在华信工程司，沈理源既是经营老板又是建筑设计师。工作上，沈理源有自己的一套工作原则，始终把业务质量放在第一位，靠信誉招徕业务，而不会为扩大业务范围而把大量精力花在疏通各路关系上，其作品中没有一例靠政府关系实施的建筑实例就是很好的说明。生活上，沈理源讲究诚信助人、不攀权贵。由于成功地设计了一些银行建筑，沈理源与银行界关系较深，并长期担任交通银行顾问工程师。在一次银行界举行宴会时，沈理源受邀参加，但当他听说某位操行不佳的演艺界人士也将出席时，便断然拒绝了出席宴会[2]。相反，他的许多普通朋友或学生在需要帮助时都会受到他不同程度的照顾。

---

[1] 张镈.我的建筑创作道路.北京：中国建筑工业出版社，1994.
[2] 冯建逵先生采访录。

1937年以后，全面抗日战争爆发，华北迅速变成沦陷区，大量富商、文人都随国民党政府转移到陪都重庆，全国性的建筑业随之进入萧条期。为避战乱，大量财阀富商及军政要人迁入租界内居住。因此，在全国性建筑活动基本停滞的情况下，天津等租界城市的建筑活动仍在继续，只是规模较小而已。沈理源先生没有跟随国民党政府的机关单位迁移，而是留下来，继续从事他钟情的建筑事业。

西洋建筑文化传播者

沈理源的设计作品中，不仅西方现代建筑表现出摩登的时代特点，在西洋古典建筑设计上更是技高一筹。20世纪20年代"中国年轻的建筑师在掌握这种风格的特征方面显示出相当高的才能。其中，沈理源等的作品较多"[1]。这主要体现在他的银行建筑作品方面。仅在西方银行、洋行林立的天津解放路一带，沈理源的银行建筑就多达6个之多。

除了主持华信设计工作外，沈理源还兼顾北京大学艺术学院建筑系的教课工作。之后还兼任国立北平大学工学院建筑系教授和天津工商学院建筑系教授。从20世纪20年代末一直到1950年去世，他在京津两地的建筑教育工作就始终没有停止过。沈理源不仅把西洋古典特长应用于自己的作品上，以建筑实例展示西洋古典建筑的风格特点，他还把这一优势体现在教学上，教出了不少能够熟练掌握西洋古典建筑特点的优秀学生[2]。

由于战乱，华信工程任务较少，于是，教学之余沈理源和弟

---

[1] 张复合.中国近代建筑总览·北京篇.北京：中国建筑工业出版社，1993.
[2] 如冯建逵、王炜钰、虞福京等。

子们开始着手《西洋建筑史》的编译与自费制版工作。日伪时期，沈理源在北京没有自己的房子，他连同两个夫人及子女都住在天津洛阳道21号。由于华信的业务基本处于停顿状态，生活来源除了沈先生教书所得，基本靠沈夫人周明华养兔子维持[①]。这个时期，华信曾经兴盛时的一辆老爷车也换成了人力三轮车。从此后一直到沈先生去世前，沈家生活都过得比较拮据。班尼斯特·弗莱彻的经典建筑史书《西洋建筑史》（图12、图13）就是在这种情况下被完成了翻译与制版工作。通过这本书，沈理源把西洋古典建筑的规则和特点在中国普及。

从作品设计到建筑教育、再到编译经典，沈理源对西方建筑文化的传播作出了独特的贡献，所以我们称他为"近代中国传播西洋建筑文化的先驱者"。

图12 《西洋建筑史》封面
（资料来源：顾放珍藏）

图13 《西洋建筑史》图版
（资料来源：顾放珍藏）

---

① 沈韵梧老师采访录

硕果累累——沈理源的建筑作品

盐业银行入口局部

从 18 世纪末到 19 世纪下半叶,欧美便相继产生了古典复兴、浪漫主义和折中主义思潮。到 19 世纪末 20 世纪初,对新建筑的探求在欧美日渐兴盛,这段时间也正是资本主义国家现代主义建筑形成与发展的时期,是充满着激烈震荡和急速变化的时期。在二战前的这 40 多年时间里,建筑探新运动大致可分为以下三个阶段:

(1)19 世纪末 20 世纪初,工艺美术运动和新艺术运动兴起,代表人物为:莫里斯(英国)、霍塔(比利时)、贝瑞(德国)和维也纳学派及其分离派的代表人物。

(2)20 世纪的头 20 年,各种抽象艺术派别影响到建筑创作中来,它们是:德国的表现派,意大利的未来派,荷兰的风格派和俄国的构成派。

(3)19 世纪 20 年代后,现代建筑运动开始走上建筑舞台,勒·柯布西耶的《走向新建筑》一书和格罗皮乌斯的包豪斯学派等在这次运动中起到了先锋作用。

40 多年的世界建筑舞台上,各种各样的建筑探新运动此起彼伏,每一种潮流的兴衰都反映了社会意识的变迁和深刻的社会背景。社会历史背景的这种特点也明显表现在这一时期各国的建筑活动中。

1840 年鸦片战争以后,随着封建清王朝的没落,中国的大门被西方殖民主义、帝国主义的武装入侵强行打开,中国结束了两千多年的封建社会，进入半殖民地半封建社会。外国殖民主义者在一些沿海沿江城市拓口岸，辟商埠，划租界，广泛进行建筑活动。建筑类别除了宗教建筑外，广泛涉及适应资本主义社会各种新的使用要求的建筑类型，如领事馆、洋行、银行、百货公司、工厂、仓库、饭店、俱乐部、学校、医院、火车站和独院式住宅等。殖民者通过这些形式进行政治经济文化渗透，从而实现其倾销商品、掠夺资源的侵略行径。从统治者内部分化出来的洋务派的活动对"洋风"（指模仿西洋建筑样式的建筑潮流）建筑起到了推动作用，这时的"洋风"主要是西洋古典形式。在"师夷长技以制夷"的思想指导下，一批工业建筑如铁厂、机械厂、枪炮厂等相继出现。后来民用建筑也流行起洋风来，设计者多为外国人，尽管伴随着侵略而来，但洋风建筑的的确确给近代中国的建筑活动带来了生机，新材料、新技术、新结构开始使用，新的建筑类型如银行、商场、火车站、夜总会、剧院等也相继出现。

到20世纪二三十年代，中国近代建筑进入重要发展时期。这个时期中国有了自己的新派建筑师，他们多是20年代陆续学成回国的建筑科系留学生，如庄俊（1914年回国）、沈理源（1915年回国）、吕彦直（1921年回国）、范文照（1922年回国）、赵深（1923年回国）、杨廷宝（1926年回国）等等。他们或开业，或执教，并积极筹建自己的建筑师组织[①]。沈理源1915年便已留学归来，受专业教育及历史环境影响，回国初期他走的是西洋古典的设计路子。他的创作鼎盛期是20世纪二三十年代，这段时间中国第一代建筑师已成长起来，其设计能力已经能够与外国建筑师相抗衡。他们自然而然地把自己的作品结合时代背景及国情搬上了中国建筑的大舞台。

---

① 1927年上海建筑师学会成立；1928年中国营造学社成立。

到了1937年之后，由于抗日战争的爆发，整个中国的建筑活动进入萧条时期。新建项目甚少，实施建筑一般也是规模不大，且多为临时性建筑。抗战结束后，很快又开始了解放战争。战后重建和建筑维修工作只在很小的范围内展开，建筑活动有所恢复。由于中国近代建筑被动地产生和发展的特殊原因，事实上1900~1949年的半个世纪时间里，多种建筑风格和流派，中国的、外国的、现代的、折中的，同时在中国的建筑舞台上演。但大的建筑发展历程还是遵循了从古典主义到现代建筑的转化轨迹。

由于从业时间较早，沈理源先生20世纪早期的建筑历程如今已无法从记载或记忆中直接得出。今天我们只能通过其建筑年表和后人的片段回忆来为沈理源先生划一条大致的建筑轨迹。通过对其40余例建筑作品的宏观分类，发现沈理源的建筑活动可以根据时间顺序和建筑风格的演变为依据，划分成四个阶段。每个时间段都有一个显著特征，它们构成了沈理源建筑生涯的主框架。

（1）早期的建筑活动：时间在上世纪20年代前后，这时候留学归国的建筑师很少，影响中国建筑风格的是以外国建筑师为代表的西洋古典风格。这阶段沈理源的活动范围在京、津、杭一带，建筑类型较杂，以古典建筑为主要风格特征。主要建筑作品有：开明剧院、真光电影院、劝业场（北京）改建，并在杭州测绘了胡雪岩故居，在北京规划了万安公墓。

（2）银行建筑师阶段：时间在20世纪20年代，这时候中国留学国外的建筑师逐渐学成回国，近代中国建筑逐渐进入其兴盛期，国内建筑风格仍然以西洋古典建筑为主。这阶段沈理源的活动范围在京、津、杭一带，建筑风格基本以西洋古典式银行建筑为主要特征。建筑作品有：浙江兴业银行（天津）、浙江兴业银行（杭州）、盐业银行天津分行、盐业银行北京分行、中华汇业银行等。

（3）清华园建筑阶段[①]：时间在20世纪30年代中前期，这时候现代建筑开始影响中国建筑走向，建筑风格出现从古典向现代建筑转化的过渡风格，如艺术装饰主义（Art deco）风格。这阶段沈理源活动范围在京、津、沪一带，建筑风格从古典建筑向现代建筑转化。建筑作品有：化学馆、电机馆、航空馆，体育馆扩建，新林院，旧饭厅等。天津的新华信托银行，上海的系列建筑。

（4）抗战前夕及以后：时间在1935~1949年，这时候在中国，现代主义建筑开始走向成熟。抗战期间，全国建筑活动陷入基本停滞状态，只有少数局部地区（如租界地内）仍有建筑活动进行，抗战后建筑多以住宅建筑和公共建筑的修建为主。这阶段沈理源在全国各地的建筑活动骤减，只有天津还有一些营建项目。其中以住宅和老建筑修建为主，有些名人府邸就是在这个时期设计建造的。建筑作品：住宅建筑有：孙传芳住宅、许氏住宅、周学熙住宅、王占元住宅、新华村住宅、民园西里住宅等。修建建筑有：启新洋灰公司楼、中南银行楼、金城银行、中国联合准备银行等。

沈理源早期的建筑活动是指20世纪20年代前后的这一阶段。这一时期，世界大战刚刚结束，帝国主义忙于战后重建，无暇顾及对外的侵略与扩张。因此，中国的民族资本主义得以休养生息，国内经济得以复苏，建筑活动也因此而迅速展开。建筑市场的繁荣与发展为留学建筑师的归国创业做了物质上的准备。思想上，

---

① "清华园建筑阶段"是指在20世纪30年代中上期，沈理源的建筑活动以清华大学校园建设为主线，同时期在天津、上海都有过类似风格的建筑活动。

"五四"浪潮刚刚掀起,其冲击波及到政治、经济、文化的各个领域。此时的中国建筑师的活动从整体上看,尚处于萌芽状态,其生命力尚不足以从意识上和行动上对国内思潮产生及时回应,而只可能凭借移植来的西方学院派建筑理论与知识对国内建筑活动作出本能的反映。所以,此时期的归国建筑师的设计作品多以西洋古典样式为特征,古典复兴、折中主义等风格都有所体现。此时,沈理源的建筑创作正处于探索阶段,建筑类型也比较多,且杂。根据已掌握资料,沈理源最早的建筑活动是北京劝业场的重建设计工作。这段时间,沈理源活动范围较广。1920年他在北京设计实施了真光电影院,同年在杭州又进行了胡雪岩故居的测绘工作。1921年和1923年又分别设计了天津和杭州的浙江兴业银行。

首开测绘先河

被称为"清代巨商第一宅"的胡雪岩故居始建于1872年,建筑面积为5815m^2。跨进这一深宅大院的大门,如同进入古建筑迷宫。亭台楼阁幽静曲折,园林小品随处可见,建筑与园林交融辉映。此景点为杭州市文物保护管理所对故居内部部分遗址考古发掘后,根据沈理源1920年对杭州胡雪岩故居的实测图及有关人士提供的图照、实物等资料按原样修复的(图14)。

沈理源先生的这张测绘图(图15)显然是故居修复工作的重要依据。他在1920年能够颇有远见地对胡雪岩故居进行测绘,说明他对文物保护工作的认识是远见卓识的,对故居的修复工作是功不可没的。这种文物保护的远见则源于留学拿波里时意大利境内遍地保护完好的古迹。这张测绘图也是目前发现的由我国建筑师用现代测绘方法测绘的最早的建筑测绘图。它开创了国内通

图 14　胡雪岩故居局部复原照

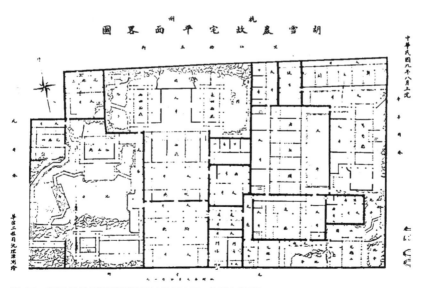

图 15　胡雪岩故居测绘平面图（资料来源：杭州文管所）

过测绘方式保护文物建筑的先河，对后来建筑院校古建测绘活动起到了积极影响。国家文物局古建筑专家组组长罗哲文研究员、中国建筑学会会长杨鸿勋研究员、东南大学刘叙杰教授等著名专家在杭实地考察后给予极高评价——"修复后的胡雪岩故居是国内不规则庭院建筑的典范，完全符合全国重点文物保护单位的要求。"①

如果说胡雪岩故居总平面图是一张先有实物后绘制图纸的测绘图的话，另一张总图则是先有设计后建设的规划图，这就是万安公墓规划设计图。万安公墓地处北京西郊万安里冲积带，西为万安山，北为香山，东南为玉泉山，地势平坦，土地润厚。（图16）原为清朝禁地，吴质生《香山名胜录》"万安公墓"条说："以前，这地方叫蛇龟汇，因有积水潭，时产金纹丹睛王八与黑质红章之蛇，体皆清秀，性也灵驯，因以为瑞。乾隆闻之，前往验地，信然。钦天监谓：山川灵气所钟，故产此灵物，因此划为禁地"。

图16　万安公墓生态景观示意图

1928年，当时的南京政府令全国各大城市选择适当地方建立公墓以改善城市卫生和转变风俗。1930年，万安公墓的成立，结束了民国以来北京无现代公墓的历史。万安公墓是沈理源先生较早时期的规划设计作品，平面为不规则形（图17），按金木水火土分为五区，区内由一条东西向主要道路把纵横道路贯通起来，交通便利而有序。后来墓区编号又重新排过②。因墓地由沈理源

---

① 《新闻晚报》2001年2月2日。
② 沈韵梧，沈匡德先生访谈录。

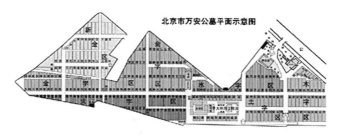

图 17 万安公墓平面规划设计图

规划，业主还特意赠给沈先生两块墓地，这两块墓地现已被较早去世的沈理源先生的弟弟沈怀亭用去。现在沈先生的墓地是 1950 年贸易部为其置办的。

创造剧院辉煌

20 世纪 20 年代初，学院派的折中主义思潮仍然盘踞着主要的设计阵地。折中主义建筑对建筑艺术形式的偏爱，对工业技术的漠视是显而易见的。但这往往反映在业主的审美情趣上，而反映在建筑师个人身上，则往往是他们具备很高的艺术修养和熟练的设计技能。真光电影院就是沈理源早年设计的折衷主义色彩的一座公共建筑。它和开明剧院一起，成为北京最早的、最辉煌的、现代意义的影剧院建筑。

真光电影剧场

位于北京东华门大街，现在为北京儿童艺术剧院（图 18），始建于 1921 年，创办人罗明佑。当时北京《晨报》载文，称其工程宏伟，"诸国之戏院，亦不多观。"[①]剧场内设花楼、包厢、大

---

① 杨永生，顾孟潮主编.20世纪中国建筑.天津：天津科技出版社，2000.

图 18 真光电影剧场

客厅、酒吧、茶室、衣帽间及女宾化妆室。共有 970 个座位。场内没有回声,音乐演出效果很好。但受当时技术条件限制,座席坡度不够,后 4~5 排视线遮挡较严重,楼下 6 根柱子支持楼座遮挡楼下部分视线。

　　真光电影剧场的外观装饰很多,立面大量运用古典的建筑语汇,如柱式、山墙等。建筑以红砖为墙体材料,配置白色花岗石的水平条带,追求活泼的构图。整栋建筑从外形样式上看属于古典式折中主义建筑,立面以两个哥特式塔楼统治全局,中央加以贯通三层楼的巨型拱券,拱券中央首层以爱奥尼克柱式分成三开间入口。门楣为古典三角形山花,但其宽度比柱式面宽缩小然后镶嵌在大面积拱形窗内。两旁塔楼顶部开小圆窗,并加帕拉第奥母题式的窗罩。贴塔楼外侧为圆弧形剧场外墙。真光的白色装饰均为石膏塑成,显然是造价较低所致。1987~1990 年,儿童剧场扩建,由清华大学建筑学院及总装备部工程设计研究院做改建设计。

开明戏院

开明戏院地处北京前门外珠市口闹市区，建于1922年。建筑风格为古典复兴式（图19），戏院内部纵深方向设三个大厅，四周为三层回廊，设开敞式商店，内装饰豪华，屋顶设有巨大的玻璃天窗为营业厅采光。戏院的门面非常狭窄，建筑立面借鉴巴洛克时期一些公共建筑转角入口的构图手法，把门面处理为外凸的弧形，并用随平面弧形变化的古希腊爱奥尼柱式以及花瓶栏杆阳台、圆拱形山花等西式古典装饰丰富立面构图。这一点与天津的浙江

图19　开明戏院主入口

兴业银行转交处理相似，门面高二层，底层开三道拱门，墙面作基座处理，二层设外廊，施以爱奥尼柱式和拱门装饰，立面装饰丰富、体型优美、尺度和比例恰到好处，整栋建筑宛如一座体形优美的大型雕塑。

珠市口早在清代就已经形成北京最大的戏曲演艺中心区，以至珠市口东南角的戏衣一条街借京剧的地利繁华起来。早些年，梅兰芳、周信芳、程砚秋等大师名角都是这条街的大主顾。

1922年9月的北京《晨报》刊登了开明戏院的"开幕广告"："北京破天荒的开明大戏院，现定于阳历9月17日（阴历七月二十六日）星期日大开幕，演最好的中国大戏剧。伶界大王梅兰芳登台义演……届时务请移玉一观，则为敞院大增荣幸矣！"。梅兰芳的新剧《洛神》、《廉锦枫》都是在此首演的。1924年，泰

戈尔访问北京，应邀在开明剧院观看的就是《洛神》。因此，即使在今天，每当端详起这张优美的戏院入口照，一晃"彩衣相对舞"的幻境伴着悠然飘来的京腔京韵便会在脑海中弥散开来。

可惜，这座"北京破天荒的开明大戏院"于2000年的秋风中伴随着广安大街改造的机器轰鸣声灰飞烟灭。对此，当时九十多岁的建筑大师张开济认为，为了城市发展，保护文物不要过头："开明戏院是意大利回国的著名建筑师沈理源的作品，但是他的作品很多。我建议为他的作品出版一本专集。但是开明戏院与广安大街改造矛盾很大，就不一定要保留了，把这座建筑的现状加以测绘，拍成照片，收入沈老专集内就可以了。"开明戏院与这条街上的曹雪芹故居一样，在存废的激辩和权衡后，开明戏院最终没有保留下来。

沈理源早期建筑中还有一个"重建"建筑也颇有名气，这就是北京劝业场。"新楼初建于1914年，后三次被火烧，1918年8月依照1914年原状重建"[1]。该建筑位于北京前门附近廊房头条17号，建筑规模较小（图20），建筑外貌为古典式样，立面三层按古典三段式划分，二三层为贯通的爱奥尼壁柱，立面门窗弧形山花雕饰，屋檐部和壁柱基座间作瓶饰处理。据冯建逵先生和沈理源后人回忆说，北京劝业场和

图20　北京劝业场南立面

---

[1]　张复合.中国近代建筑总览·北京篇.北京：中国建筑工业出版社，1993.

真光电影院是同一时期沈理源设计的。它们是沈先生的早期作品，是和一位殷姓结构工程师合作完成的。

从这几个建筑单体看，沈理源此时尚处于建筑事业的初创阶段。因为劝业场的设计属于重建设计工作，还谈不上独立创新，而真光电影院的设计是沈先生和一位结构工程师合作完成的，建筑创作仍在探索之中。而仅仅相隔一年多的时间，到1921年，沈理源便成功地设计了他的经典之作——天津的浙江兴业银行，这说明沈理源虽然处于建筑创作的早期阶段，但是已经具备了较深厚的建筑设计功力。

沈理源1921年能够以华信工程司为依托成功地设计了浙江兴业银行，由此可以想象，这之前除了真光电影院和北京劝业场，他还应该有其他的一些设计作品作为设计事业展开的早期铺垫过程，只是由于时间久远，目前无法一一查清而已。

银行建筑大师

沈理源的银行建筑多集中在天津地区，且多为西洋古典样式，因此以天津建筑为背景介绍沈理源先生的银行建筑具有典型意义。

天津的建城与北京建都有着直接的关系。明永乐二年（1404年）设天津卫，并于永乐三年在南北运河交界处的三岔河口西南部构筑天津卫城，第二次鸦片战争爆发后，从清王朝与英法签订《北京条约》开天津为商埠始至1903年，共有英、法、美、意、日、俄、奥、德、比等国家先后沿天津城旧城和紫竹林一带划定租界，形成比原有天津旧城大几乎八倍的外国租界区（图21）。天津的租界形成于19世纪下半叶，天津长达87年的租界为国内城市之少有，为世界奇观之罕见。"开埠""通商"，九国租界，堪称

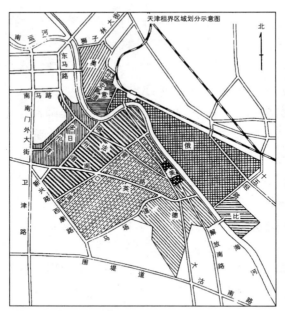

图21　天津租界区域划分示意图
（资料来源：《天津近代建筑》1990/4）

万国建筑博览会，独立于天津行政、法律之外，影响天津的经济与发展。

当时建筑界在欧美正是学院派折中主义占主导地位之时，在建筑设计中则流行着各种古典复兴与折中主义建筑式样，稍后又兴起了现代建筑。这些建筑形式由殖民者从本国带进了天津租界，这些来自不同国家和地区的建造者和使用者的民族传统、风俗习惯、个人喜好等等各种因素交织在一起，使得天津的近代建筑以一种特有的方式发展起来，形成了今天这种独特的建筑风貌。由于各国租界内的建筑形式多样，不乏具有各自国家建筑风格和特点，使天津各租界成为国中之国，形成了所谓的万国建筑博览会。

总之，天津建筑一方面全面地反映了殖民地宗主国国内的建筑思想和建设水平，同时也反映出在外来思潮的影响下，中国建筑与西方建筑的融合，以及中国建筑师在中国传统文化，西洋古典建筑文化和现代主义建筑影响下的建筑探新活动。20世纪二三十年代，随着建筑高潮的到来，天津近代建筑进入了它的盛期，天津近代城市的基本面貌在这个时期形成。

名扬北方银行界

在争奇斗艳的租界建筑群中，有一条街集中了美、英、法、日、俄等国的著名银行和洋行。英商汇丰银行、渣打银行的麦加利银行、华俄道胜银行、美国花旗银行、日本横滨正金银行、华比银行、怡和洋行、太古洋行、仁记洋行……各国银行和洋行为显示实力，请来一大批欧洲建筑师，采用了本国或别国当时最先进的技术和新颖设计，相继在这条街上建造了风格各异、气势宏大、雄浑壮观的银行洋行大楼。它们就集中在现在的解放北路。这些建筑争奇斗巧，形成了风格纷呈的洋楼景观。一棵棵高大的科林斯、爱奥尼、多立克巨柱，掺杂着文艺复兴式、罗曼式、尼德兰式、古典主义或现代式等建筑元素，使这条街形成了中国北方有名的"银行街"，人称"东方华尔街"。

在这条著名的金融贸易街附近，由沈理源设计的著名银行建筑鳞次栉比，诸如：盐业银行、中南银行、新华信托银行、金城银行、中华汇业银行（中央银行）、浙江兴业银行等，其中盐业银行建筑水平之高曾使学界瞩目。

沈理源作为近代中国第一批归国建筑师中的一位，回国初期从事的建筑活动自然而然遵循的是西洋古典风格形式。"战后初期，世界范围内古典复兴建筑相当流行，纪念性建筑和政府性建筑自不必说，就是一些大银行，大保险公司也仍然继续用古典柱式把自己装扮起来。"①因此20世纪一二十年代的中国银行建筑多选用这种西洋古典风格。

沈理源擅长于西洋古典建筑风格，这得益于他在拿波里大学学习时深厚的专业基本功，受16世纪意大利文艺复兴和19世纪启蒙运动古典复兴建筑运动的影响，意大利的建筑教育体系较多沿用学院派建筑风格，学院派建筑以严谨的古典柱式作为控制建筑布局和构图的基本因素，建筑形式以其宏大的体量、庄严的气势、严谨的逻辑关系成为重要公共建筑的首选风格。

由于沈理源在西洋古典建筑方面的出色表现，在银行界赢得了声誉，张镈在《我的建筑创作道路》一书中称沈理源为"专作银行设计的专家"。因此作为建筑师他在银行界有着一定的影响，并与某些银行有较深的关系。与沈理源关系较深的银行有："中华汇业银行、盐业银行、浙江兴业银行、金城银行等"②。除了搞银行类的建筑设计外，他同时还兼任交通银行的顾问总工程师，长期负责交通银行的基本建设顾问工作。在后人的回忆中，沈理源负责的交通银行的建设业务曾扩展到沈阳，欧阳骖曾经是他在沈阳建筑市场的工程监工和助手。沈理源的银行建筑不仅限于天津一地，在北京，杭州等地也有他的经典银行建筑，例如杭州浙江兴业银行，北京盐业银行等。

通过分析30余例建筑作品，我们发现建筑作品涉及种类齐全、形式多样、质量较高乃是沈理源建筑的基本特点。正因为建筑的多样化，我们很难在这些建筑中总结出共同的形式特点来。但是我们可以试着将组成这种多样化的种种因素列出来加以比较，来提炼出沈理源建筑设计的一般特点。例如从沈理源的银行建筑我

---

① 罗小未.外国近现代建筑史.北京：中国建筑工业出版社，1982：59.
② 冯建逵先生采访录.

们可以发现擅长于西洋古典是他的一个明显特点。在对其几乎所有建筑作品的研究中我们发现了他设计中的创新精神是他的又一大特点；坚持细节设计，兼重室内外及家具的一体化设计是他的另一特点。由于银行建筑在沈理源的作品中更具有代表性，所以下面以银行建筑为例，分析沈理源的如下建筑特点：

专长于西洋古典式样

在20世纪20年代的中国建筑活动中，西洋古典风格的建筑有着广泛的市场。能够熟练掌握西洋古典建筑的构图规则，比例关系，建筑特点的中国建筑师中，沈理源显得尤为突出。从那个时代京津两地的建筑作品比较中可以看出，沈理源的作品总是能够以熟练的西洋古典规则和特点给人留下深刻的印象。"二十年代前后，北京的大型公共建筑仍流行着西方古典风格，中国年轻的建筑师在掌握这种风格的特征方面显示出相当高的才能。其中，沈理源等的作品较多"。[①]

应该说，擅长西洋古典是沈理源先生作品的最大特色。因为相比之下，在20世纪二三十年代有名的中国建筑师中，很少人设计过较纯正的古典建筑，他们当中除了贝寿同、庄俊、沈理源、范文照等较早的建筑师曾设计了一些水平较高的能与外国建筑师水平相抗衡的西洋古典建筑类型外[②]，多数建筑师一回国（20世纪20年代中后期）就走上了探索现代主义建筑和发展"中国固有形式"建筑的路上来，如吕彦直、杨廷宝，董大酉等。从近代中国建筑师的建筑作品中也能看出这一时期的建筑转向。因此，沈理源的古典风格能凸现出来，除了具有较高的建筑创作才能外，

---

① 张复合.近代中国建筑总览·北京篇.北京：中国建工出版社，1993.
② 沈理源的盐业银行（1925年），庄俊在上海的金城银行（1928年），范文照和赵深的南京大戏院（1930年）。

后来者稀少也是一个重要原因。

沈理源的西洋古典建筑以盐业银行天津分行，天津的浙江兴业银行为典型代表，中华汇业银行、盐业银行北京分行也是沈理源西洋古典建筑的佳作。建筑作为石头的史书记录下一个时代的风貌，建筑作为实施的作品又反过来引导着我们去解读作者的方方面面。

杭州浙江兴业银行

浙江兴业银行是民国北洋政府时期全国最大的一家商办银行，名列旧中国南方金融集团先驱"南三行"（浙江兴业银行、浙江实业银行、上海商业储蓄银行）之首。杭州的浙江兴业银行（图22）位于中山中路羊坝头261号，建于1921年，建筑面积3500平方米。作为早期金融建筑，其布局十分合理，首层安排营业及办公用房，二层供住客与阅览，三层为藏书、健身与娱乐所用，地下一层用作金库，建筑功能独立而完整。

阅读这本"石头写成的史书"，艺术特色可圈可点。浙江兴业银行大楼东面和北面为临街，入口台阶两边弧形石鼓上为爱奥尼双柱式门楼、门面、台阶，柱身采用苏州金山花岗岩，用材十分考究，建筑中部冠戴高突的圆顶，强调出建筑物的主轴线和宏伟气势。立面造型采用了文艺复兴建筑三段式处理手法。主立面中部的双圆形巨柱和上部圆顶强调了建筑物的主轴线和宏伟印象。而在其他三个立面上则按层采用叠柱和发券，其间曲直刚柔的对比及疏密繁简的变化使立面更富有韵律和活泼感。落地门窗为折中主义风格的三段式，上面是拱顶，中间为门柱，下有石雕阳台。整栋大楼外层由条石砌成，门窗、门楼、屋檐下都用条石雕花装饰，显得稳重、坚实而气派，完全符合银行建筑所追求的艺术效果和实用功能。

建筑内部用材和装修更为考究，里面的高档木料如红木、紫檀、黄杨等大部分是从胡雪岩故居中购得。室内布置与室外相协调，

a. 外观

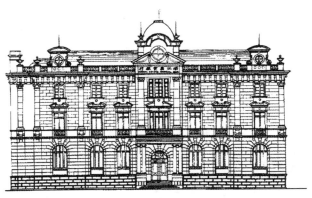

b. 立面图

图 22　浙江兴业银行

大厅内用石膏雕花吊顶，做成卷棚，两侧各有十几根爱奥尼立柱，显得得体而又有序列。窗台、拱券、窗楣、阳台、栏杆、檐口、铁栅等细部花饰更是做工精细、变化丰富，力求富丽堂皇的装饰效果。加之一楼花岗石台阶，缸砖通道，营业厅会客室、办公用房柚木地面及二楼以上红松地面的相互搭配，更使建筑做到量材录用，成了金融建筑选材独特而又十分难能之处,具有较高的技术、艺术价值。此建筑落成后，即以其雄伟大气的造型，精致得体的装饰，适度和谐的比例和协调有序的布局给人留下了深刻的印象，成为杭州老城的标志性建筑。

盐业银行天津分行

盐业银行（图23）创办于1915年，创办人张镇芳河南项城人，为清朝进士。曾任长芦盐运使，河南都督，总统府顾问。他是袁世凯的亲戚，向袁世凯建议，并经袁批准，在华北创办了官商合股的盐业银行。因为该行将政府所收盐税纳入银行之内，因而取名盐业银行。民国时期不少军政首脑入股该行，又有政治、经济界要员在此任职，其实力居北四行之首。盐业银行总行起初设在北京，在天津、上海设有分行。

天津盐业银行位于赤峰道12号，于1926年建成，建筑面积（图24）6244m^2。银行大楼平面近似矩形，立面为古典三段式造型。半地下室基座，中段为三层，以临街南立面为主立面，

图23　盐业银行

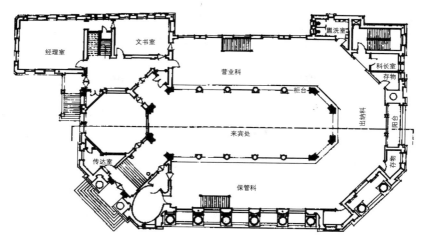

图24 盐业银行平面图（资料来源：《天津近代建筑》1990/4）

由6根变形混合柱式组成巨柱柱廊，通高3层，柱身不作凹槽，柱头演变成中国古典回形纹饰。第四层的外廊形成立面三段式的顶部，韵律与中段巨柱式空廊上下呼应，气势雄伟壮观，充分显示了罗马古典复兴的建筑风格。入口门廊仿希腊山门手法，由山花、倚柱、台基组成，做工典雅、细腻、匠心独具。主入口进入室内，两侧设有椭圆形和正八角形会客厅各一间。一层为长八角形营业厅，营业台及办公用房沿营业厅廊柱周围布置，内廊柱采用罗马科林斯式。厅内天棚用黄金等材料构成"蓝天飞凤满天星"图案。地面、营业台、廊柱，以大理石镶嵌，室内装饰富丽堂皇。

该银行在近代因护藏国宝金编钟而闻名。清末，盐业银行在承办清王室巨额放款时，抵押品中有16只金编钟（图25），金编

图25 国宝金编钟

钟是乾隆皇帝80大寿时各省督抚呈献的贡品，全部黄金制造，共重13647两，属稀世珍品。宫廷内幕，是当年报纸的热点题材，金编钟的秘密交易，不久便被《京报》揭露。北洋军阀及银行业同行无不眼热，一时间风声紧张，于是知道内情的盐业银行高层决定将金编钟等珍宝转移至位于租界内相对安全的天津盐业银行。1937年天津沦陷，日军和特务多次盘查未果。抗战胜利后，国民党有关部门也多次查问金编钟下落，经理陈亦候推说不知其详。实际上，金编钟被陈亦候秘密运到英租界四行储蓄会地下室小库房，并用数吨煤把小库房掩盖起来保住了国宝。1949年1月18日，天津解放的第三天，藏匿多年的金编钟及其他珍宝全部交给了国家，现陈列在故宫博物院珍宝馆。

此外，据冯建奎先生讲，当时这些重要的大型建筑设计作品，均以一定比例尺作出木制模型。盐业银行的设计模型曾多年存放于该行的地下室内，文化大革命中被毁，甚为可惜。

盐业银行北京分行

建筑坐落于北京前门大街附近西河沿7号，建于1926年。这是当时中国建筑师在北京设计的较大规模建筑之一。建筑坐北朝南，占地约800m²，1995年被列为北京市文物保护单位。建筑为文艺复兴古典式样（图26），立面为古典三段式造型，地上三层，钢筋混凝土砖混结构，中间6颗爱奥尼柱子将立面划分为横向7开间，中央顶部的钟楼贯穿屋檐

图26　盐业银行北京分行

叠涩成为立面构图中心。三层一排7个方窗,中间和两侧的窗户上面有三角形山花窗头,三层以上部分是花瓶式女儿墙。立面整体构图完整,比例协调,简洁而具韵味。建筑采用砖混结构,细部尽可能简化,比如爱奥尼柱式取消柱身凹槽而采用光柱面,窗子四周雕饰皆为浅雕饰,这样既能表现出效果,又节省了工程造价。建筑通体以红砖墙为主,配以白色石材壁柱、白色窗套、白色叠涩线脚做局部装饰处理,缀以局部徽饰石刻,起到集中装饰的作用,具有典型的欧美银行传统风格。

中华汇业银行(中央银行)

中央银行为国民党政府所建,总行设在上海。宋子文、孔祥熙先后任总裁。中央银行天津分行位于解放北路119号,原为中华汇业银行。建于1926年,建筑风格为罗马古典复兴式样(图27),建筑主体在纵向、横向两个方向皆按三段式处理,半地下层作为台基,正立面6颗爱奥尼巨柱成为控制建筑立面的主题,正入口设于首层中央,两侧各排列4根

图27 中华汇业银行(资料来源:《小洋楼风情》冯骥才主编)

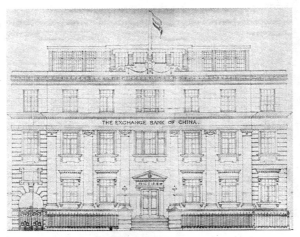

图 28　中华汇业银行立面图（资料来源：天津市房管局图档）

爱奥尼柱，承托钢混带状横檐。三层为檐部加阁楼层（图28）。横向分段处做明显的叠涩线脚，屋檐中央略作提高并作绶带状雕刻装饰，一二层窗子做凸出式雕刻，勒脚上部装饰线改用中国传统回纹装饰带。建筑侧墙面做深凹槽石缝，与主墙面细部雕刻装饰相呼应，左侧铁质大门也采用了精细的图案，制作精良（图29）。整栋建筑比例匀称，尺度大小适中，虚实关系、横竖对比处理得恰到好处，是一座典型的古典复兴式银行建筑。

图 29　中华汇业银行门装饰
（资料来源：《小洋楼风情》冯骥才主编）

金城银行

金城银行（图30）是由中国近代金融界知名人士周作民于1917年5月15日创办。其主要股东多为军阀官僚，是中国近代重要的私人银行之一，也是北四行（金城、盐业、大陆、中南）的核心和支柱。该行原将总行设于天津，后总行迁往上海，天津改为分行。

图30 金城银行

金城银行大楼建于1937年，建筑为二层砖木结构，带地下室，外墙装饰面砖。正立面耸立8棵爱奥尼支柱，形成柱廊。二楼设外跨式半圆形阳台，为西洋古典风格建筑。大楼原有高耸多坡可利用屋顶，在1976年地震中震损，2008年修复。

在搜集整理沈理源其他同时代作品时，笔者发现一个有趣的现象，有两组建筑从细部手法到基本式样都有着很多的相似之处，它们是东莱银行与盐业银行,中国银行(现名)与天津浙江兴业银行。

1. 东莱银行与盐业银行的诸多相似:这两栋建筑都位于天津市法租界范围内,盐业银行(图31)为沈理源1925年设计,东莱银行(图32)为1930年设计,设计人为德国建筑师贝伦特(Beirent)[①]。从图档资料看,图纸没有图签,有设计人签名,签名为外文手体,字体模糊。

两栋建筑的拐角入口立面,沿街立面柱列、窗槛墙雕饰、中西合璧的柱头[②]和立面的三段划分等都具有惊人的相似(图33~图38)。单从柱式比较,盐业银行的柱式更显饱满洗练,中国式

图31　盐业银行

---

① 周祖奭先生采访录。
② 把爱奥尼柱头的旋涡演化成中国传统的回纹。

图 32 东莱银行

图 33 盐业银行沿街立面局部

图 34 东莱银行沿街立面局部

图35　盐业银行窗槛墙装饰（石刻）　　图36　东莱银行窗槛墙装饰（砖刻）

图37　盐业银行柱式　　　　　　　图38　东莱银行柱式

柱头回纹与西式纸草花饰自然相承，无拼接痕迹，彰显了设计者深厚的基本功。在沈理源的银行建筑中使用回纹装饰是一大特点，而把柱头旋涡演化成回纹形状在天津的银行建筑中目前只发现三例，即盐业银行、金城银行和东莱银行，其中前两例为沈理源设计或改建。

　　从建筑体型上看，东莱银行如果除去中央屋顶的一个攒尖顶亭子，形状和盐业银行会出现很多相似之处（图33，图34）。这种相似并非偶然，因为两者无论从时间距离还是空间距离都相距很近,那么就只有一种可能,东莱银行是以盐业银行为蓝本建造的。而从比例尺度,细部刻画,建筑造型等多个方面看,后者并未超出前者的设计水平。

2. 中国银行(现在名)与浙江兴业银行(天津)的相似:中国银行位于北京西交民巷17号,建筑年代和设计人不详,其转角立面(图39)与浙江兴业银行转角(图40)极为相似:两层的弧形转角,转角均为空廊、转角处屋檐均设集中装饰,空廊均用柱式及栏杆装饰,只是兴业银行使用的双柱,中国银行使用的单柱。这组建筑从年代看,应为同时代作品。但中国银行从细节处理上比浙江兴业银行粗糙,建筑做工及材料运用也较为逊色。

实际上,上述两组建筑中的盐业银行(1925年)和浙江兴业银行(1921年)是沈理源银行建筑的两个经典之作,而且设计年

图39 中国银行转角处(资料来源:《中国近代建筑总揽·北京篇》)

图40 浙江兴业银行转角处

代都较早也非常成功。与之相似的两组建筑都应在它们之后建设,至于是否都与沈理源有关尚不清楚,但至少说明一个问题,盐业银行和浙江兴业银行在落成时在很大范围内产生了一定影响,其手法和样式普遍为人们所认可。

设计中坚持创新

一次世界大战之后,帝国主义忙于战后重建,无暇顾及殖民掠夺和扩张,国内民族资本主义抓住时机得到了蓬勃发展,国内经济随之而蒸蒸日上。思想界,五四运动以来的大论战影响到各个领域,梁启超的《欧游心影录》(1920年)、梁漱溟的《东西文化及其哲学》(1921年)对于弘扬传统文化,增强民族自信起到了重要作用。而战后对西方文明的反思和当时国内经济的迅速发展唤起了民族主义情绪的高涨,抵制洋货,发展民族工商业成为多数人的共识,"反映在中国建筑师身上,就是对传统中国建筑形式的重新肯定"[①]。1925年中山陵的成功设计所引发的"中国固有形式"建筑风格也给建筑界带来了弘扬民族精神的影响与思潮。大量中国建筑师把热情纷纷投入到对"中国固有形式"的研究中去，沈理源对此的反应则是在一贯的西洋古典建筑风格中尝试融入中国传统风格的东西，以期走出一条中西合璧的建筑探索新道路。

沈理源专长于古典风格的建筑形式。古典建筑有其一套严格的构图规则，但这并没有妨碍他成为一位很富有创新精神的建筑师，他把这种创新精神带入了经典西洋古典建筑盐业银行（图41）的设计中，盐业银行是中国著名的"北四行"之一[②]。沈理源先生在该建筑的古典形式中融入中国传统装饰，进行了将中西建筑文化融合的探新尝试。入口采用古希腊神庙式入口，但并没有照搬山花柱式的固定组合形式，而是通过入口每侧一圆一方

图41　盐业银行入口
（资料来源：《天津近代建筑》）

的双柱将古希腊的山花柱式融入到中国式的墙中，方柱则在似有似无中以壁柱的形式起到承前启后的作用。（图42）沈理源先生还把建筑立面的罗马混合柱式（爱奥尼和科林斯柱式的组合）进行了巧妙的演化，把柱头的漩涡改成了中国传统的回纹式样，（图

---

① 伍江.上海百年建筑史.上海：同济大学出版社，1997.
② 与金城、大陆、中南三家私营银行统称为"北四行"。

43）并把这种演化过渡得自然流畅不生痕迹。室内设计中，藻井采用了中西结合的雕饰，中式顶棚藻井与西式天花兼容并蓄，通过内柱廊、顶棚线脚及顶棚自身的演变将中西因素巧妙融合（图44），是中西传统结合的一种大胆尝试。从盐业银行的

图42　盐业银行入口处方柱及其柱础

设计中，我们可以看到近代中国建筑师努力探新的创作倾向。

沈理源在古典银行建筑上进行中西合璧的创新探索不仅仅表现在盐业银行一个建筑上，他在中华汇业银行设计、金城银行改建都融入了中国传统的文化语汇（图45）。中华汇业银行外墙勒脚上部装饰线改用中国传统回纹装饰带。金城银行正立面的装饰双柱柱头简化为中式回纹为主装饰题材的新型样式。

沈理源在20世纪20年代中后期对西洋古典建筑的创新设计具有一个共通特点——都试图在西洋式建筑中融入中国传统

图43　爱奥尼柱头的漩涡演化为中国回纹式样

图44　盐业银行营业厅中西混合式顶棚
（资料来源：《小洋楼风情》冯骥才主编）

的文化符号,力图将西洋古典形式加以演化,达到一种中西融合的效果(图46)。这种探索虽带有一定局限性,当时却是极为可贵的创新实践活动。这种创新精神是与当时的国内思潮影响分不开的。

沈理源先生有着深厚的学院派建筑基本功训练基础,

图45 金城银行柱头中的中式回纹

更具有接受和发挥现代建筑思想的创新意识。他把学院派建筑严谨的比例尺度、构图关系等规则只是作为建筑师建筑教育的基本素养来训练,而没有拘泥于五种柱式模数和构图僵化的教条中。因此,

图46 盐业银行墙面装饰凝重而洗练

他设计出的建筑作品无论是细节还是整体构图,都有着良好的比例关系和舒适的尺度感,同时还时常融入些许新鲜的创意。

沈理源在天津的银行建筑设计有多处,仅解放北路就设计有新华信托银行、中南银行改建、国华银行改建、金城银行、中国平安保险公司等建筑。在一条金融商业街上有这么多建筑作品落成,这在当时就连外国建筑师也望尘莫及。

室内外细节一体化设计

在沈理源的建筑作品中,常常会发现一些耐人寻味的小装饰。从室外的栏杆、灯杆样式到建筑立面的细节刻画,到室内的门窗、梁柱、走廊、墙壁、线脚等都会留下沈理源独具匠心的精心构思,"沈理源对装饰,小花饰,花芯等都亲自设计,而且常常为此花费很大心血……室内每一处门、窗、玻璃都做很细的装饰,室内设计几乎一个屋一个样……"①最能体现沈理源关注细节的建筑作品要数浙江兴业银行和盐业银行了。

盐业银行

外立面无论柱头窗套还是入口门头都运用了精细的文艺复兴时古典雕刻(图47),而室内的顶棚、墙面、门窗口、踢脚线等都统一采用传统西洋式装饰手法,使室内与室外连贯统一(图48),墙壁、檐口及室内藻井等也都采用了精细的古典雕饰(图49)。即使室内彩色花窗也绘有

图47 盐业银行入口细部设计

---

① 陈淑琴老师采访录。

图 48 盐业银行室内设计,天花与墙窗的韵律与统一

图 49 盐业银行营业厅"蓝天飞凤满天星"图案(资料来源:《小洋楼风情》冯骥才主编)

盛产芦盐的津地风光,彩色玻璃拼成盐滩晒盐场面,图案精美并呼应了盐业主题(图50),把装饰同建筑主体结合起来。一层八边形营业厅两侧的藻井式天花与地面大理石图案相协调统一(图51)。

另外,室内家具、装修与建筑同步设计,室内陈设受新艺术运动的影响,造型流畅,做工精良,实现室内壁柜、座椅等风格

图 50　盐业银行室内彩色花窗

图 51　盐业银行营业厅（资料来源：《小洋楼风情》冯骥才主编）

与室内设计风格的协调统一（图 52，图 53）。

浙江兴业银行

　　该行为浙江财团经营，建于 1922 年，建筑面积为 2034m^2。该建筑是一个讲究西洋古典细部的典范，从入口到窗饰，从壁柱到檐口，整栋建筑像一座精心雕饰的艺术品（图 54）。

图 52　盐业银行石材家具与室内统一设计
（资料来源：《小洋楼风情》冯骥才主编）

图 53　盐业银行木材家具与室内统一设计
（资料来源：《小洋楼风情》冯骥才主编）

图 54　浙江兴业银行外墙细部

　　建筑正入口转角处呈弧形，作两层 3 开间叠柱式，八字形凹入的柱廊（图 55）。该建筑中间柱廊为双柱，两侧为单柱，底层为塔斯干柱式，二层仿爱奥尼柱式。由于入口在转角处，又处于

a. 外观全景

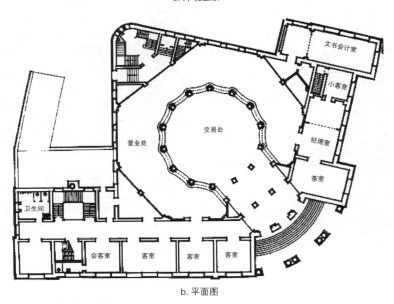

b. 平面图

图 55 浙江兴业银行
(资料来源:《天津近代建筑》天津科技出版社, 1990 / 4)

天津繁华的地段，人行道又窄，故将入口的白色大理石石阶设在柱廊内。门厅、地面、墙壁及大厅全部采用大理石镶嵌。

该建筑首层墙面用料石叠砌，宽石缝勾成阴影线条，形成首层台基，窗子均用圆拱，拱顶石用狮子头作雕饰，窗洞外有精美的铁花饰（图56，图57）。二、三层为柱身，采用双壁柱装饰，在双圆柱及双壁柱处做成长的牛腿装饰（图58）。二层窗外立面采用丰富雕饰（图59），外墙上部为檐部及女儿墙，两侧檐部开小窗，仅入口檐部做成镶板，厚重的水平檐口把整个建筑统一起来，形成稳定的整体构图（图60）。整个银行的建筑立面以清花岗石本色基调，在壁柱、石旋顶、窗套、循四、腰檐、女儿墙等处都雕凿有不同线条、花饰，立面做工精细，处理手法多样，有折中主义倾向。由于开间宽、柱距大，因而使该建筑立面显得空透、开朗，形式既严肃又轻快。

图56　浙江兴业银行铁艺窗饰图纸
（资料来源：天津市房管局图档）

图57　浙江兴业银行铁艺窗饰实物
（资料来源：《天津近代建筑》1990／4）

图 58　浙江兴业银行外墙壁柱顶部　　图 59　浙江兴业银行外立面窗饰

图 60　浙江兴业银行入口处顶部檐口

首层的营业大厅为银行的核心，大厅平面呈圆形，环以14根黑色大理石塔斯干柱式，汉白玉柱头。上有交圈环梁，在内侧用汉白玉和大理石饰面，上雕中国古钱币图案，与西方的柱式巧妙地融合在一起。另外，用汉白玉雕成的两个狮首支托柜台，把交易厅与营业厅分开。狮兽雕刻异常精美。营业厅地面采用拼花大理石。顾客大厅顶部用半扁球形钢网架，白色磨花玻璃镶嵌，使大厅显得十分明快（图61，图62）。会客厅采用硬木席纹地板，护墙板、门窗贴脸、筒子板都采用上等木料，雕刻精细，装饰考究，整个大厅宽敞华丽。会议室的装修特别高雅，墙面用雕刻精美的红木镶板装饰，天花也用雕刻精美的红木花饰藻井。

图61 浙江兴业银行中央穹顶目前效果

图62 浙江兴业银行中央穹顶早期效果
（资料来源：冯建逵先生提供照片）

沈理源的建筑细部不仅仅体现在银行建筑上，其他建筑如真光电影院、启新洋灰公司楼、周氏住宅等都有精细的细部设计（图63）。在幸存的华信图纸中，还能发现大量窗花、柜台等的纹样和式样设计图案。这些图案或者是几何形体和线条的组合或者是阶梯形体块组合（图64），从风格上看应属艺术装饰主义（Art Deco）设计，虽然无法知道应用在什么建筑之上，但反映了沈理

图 63　周氏住宅侧墙上的女人头像装饰
（资料来源:《小洋楼风情》冯骥才主编）

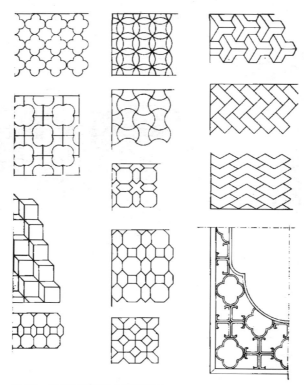

图 64　华信零散图纸之装饰图案
（资料来源：冯建逵先生藏图）

源注重细部设计的建筑理念。

注重室内外一体化设计,这在中西方古典建筑中是个普遍现象,从室内设计角度上看,中国古建的雕梁画栋、屏风挂落等与西洋古典的线角雕刻、天花彩画有着异曲同工的效果,都做到了室内设计是室外风格的延续。到了现代建筑时期,建筑以形式自由、造型简洁、注重功能、经济合理,没有装饰或少量装饰为特点,室内设计走向简化,但仍然保持室内外的一体化设计,如建筑师莱特,在他的流水别墅设计中做到室内外感觉连贯统一,所用材料如黏土砖、木材等贯穿室内外,家具和室内构件统一设计,建筑风格内外保持一致。沈理源的建筑作品也传承了这一设计传统,在他的银行和住宅等建筑中这一特征比较明显。《天津近代建筑》在提到沈理源的建筑作品时写道,"特别值得指出的是,该公司在设计时,整个建筑的家具与建筑设计同时统一设计,是室内设计的一部分,由于风格统一,保持了良好的空间效果"。这些做法与目前我国国内设计市场普遍存在的建筑设计与室内设计脱节的现象形成对比,是我们学习和研究的一个榜样。

尝试摩登建筑

进入20世纪30年代,上海和天津早已经发展成为中国南、北方的两个主要经济文化中心。上海和天津有多个相似之处,同为租界城市,同有海港码头,商业和文化都同样发达。由漕运和盐务发展起来的天津人口密集,百业兴旺,发达的商业和外国租界带来的西方商业和生活方式吸引着达官富贾云集天津,军阀阔佬纷纷在天津定居生活,就连文化艺人也来到这块宝地创业,俗话说得好:"北京学成,天津走红"。而20世纪30年代的上海比天津更繁荣,电影、电灯、汽车等新鲜事物作为经济文化的载体走在了其他城市的前面。因此津、沪两地自然而然成了政治、经济、文化名人的集聚地,城市的发达必然引来利益集团的投资和人员进驻,从而使得银行建筑和办公楼也纷纷在津、沪落成。

在这个阶段,近代中国经济发展进入兴盛时期。民族工商业得到迅猛发展,建筑业亦进入其黄金发展阶段。现代主义建筑已开始影响中国,沈理源的建筑作品呈现出从古典风格走向现代建筑风格的特点。从复古风格到现代主义,建筑形式风格的变化并不是突变和跳跃式的。30年代现代建筑的大量作品风格处于这两者之间的过渡状态,它们具有西洋的装饰及现代的形象,整体风格简洁而具有现代感,体量组合及立面构图仍追求历史样式的均衡与对称,是西洋复古风格向现代主义风格脱胎换骨过程的中间形象。清华大学化学馆和天津新华信托银行是这种风格的典型代表,而北京大学图书馆则是超越前者完全走进现代的一次建筑尝试。

北京 · 北大图书馆

北大图书馆(图65)位于北京大学红楼北侧,建于1934年,

图65 北大图书馆

东西宽 57.5m，南北长 59m，砖混结构钢屋架。建筑坐北朝南，正面凸出，左右对称。原墙面为红砖清水墙，局部水刷石装饰，为当时流行的美国校园风格。后因加固，墙面抹了水泥，并在书库顶层加盖了一层。楼的西南角有一基石，"中华民国二十三年四月"依稀可辨。

建筑中部为书库，两侧为阅览室，书库地下室为锅炉房。主楼两侧为阅览室，地上二层，每层高 5m，面南设有高大玻璃窗，使阅览室内格外宽敞明亮。原东侧阅览室称为"西文馆"，西阅览室为"中文馆"。进门为大厅，左右为楼梯，铁艺栏杆。

大厅中间有一推拉式铁门通书库，左右有廊通阅览室。书库高四层，书库各层由铸铁楼梯相通，钢架结构，据了解，钢架原设计带书架，书架的两侧立柱各层相通并植根于楼的基础，这样，书的重量由基础承负，而不是各层楼板。书架隔板为活动式，可随意调整高度。这一独到的设计凸显了建筑的功能，是近现代具有代表性的建筑。

天津 · 新华信托银行

天津是沈理源工作的主要城市，20 世纪 30 年代沈理源在天津的主要建筑作品有新华信托银行、积善里住宅、启新洋灰公司楼改建等，其中以新华信托银行设计最有代表性。

新华信托银行坐落在天津市解放北路 8-10 号。建筑面积 7026m^2。1934 年设计，同年 11 月由新华信托银行董事长冯耿光及总经理王志华奠基开工。新华银行大楼（图 66，图 67）已基本具备现代建筑风格的主要特征。外立面处理简洁，突出了贯通的窗间墙立线条，增强了竖向感觉。建筑的外观真实地反映内部结构，建筑采用了新型的建筑材料混凝土及钢筋混凝土，大楼主体 6 层，转角处是 7 层退台塔楼。使建筑物显得挺拔。建筑外形简洁明快，窗中檐部及塔楼局部镶有方形小装饰图案，槛墙处有铜制纹饰，这种施用简单装饰的摩登化建筑应该属于艺术装饰主义（Art Deco）的风格[1]。

实际上，新华银行大楼上的"铜饰板"（图68）并不是铜质，据陈淑琴总建筑师讲，沈先生在设计时是很注意节省成本的，所谓"铜饰板"只是以水泥和铜粉为主要材料的合成饰板，而经历60多年的风雨没有脱落变质，仍一直被人们误以为是铜板，这至少说明沈先生对建筑材料的掌握达到了令人叹服的深度。

建筑首层的外饰面镶砌橘红色的花岗石，层间有石雕花饰腰带。二层以上为大块分格的仿花岗石饰面。门窗采用铜制花栏杆，做工精细，具有新艺术运动风格。

图66　新华信托银行效果图
（资料来源：冯建逵先生提供，由华信所聘请的外籍建筑师绘制）

图67　新华信托银行

---

① Art Deco起源于法国，这一风格的建筑继承了意大利未来主义和立体义的某些特征，追求挺直的几何造型及光滑的流线形式，注重对称的构图、重复的序列、几何图案装饰效果，建筑中常用阶梯形的体量组合、横竖线条的构成立面、圆形的舷窗、圆弧形转角、浮雕装饰等手法，同时又具有现代建筑简洁明快的时代特征。

图68 新华信托银行装饰板

首层三个入口，对应设有三个楼梯及两部电梯（图69）。正门设在转角处，入口的门套、过厅的8棵柱子以及地面、墙壁全部镶贴彩色大理石。营业大厅约200m^2，为两层共享空间，现已被改建成两层，因此柱子也被分为两截。解放路入口的首层至三层是票据交换所。有会议室、办公室、会客室、客厅等活动场所。四至五层为银行职工俱乐部和小礼堂。可放映电影和开展文娱活动。大楼的下部为地下金库，4个入口，分为4类库房，并设有圆形金色保险门，安装有防盗自动控制设施，制作坚固，功能齐全，在当时情况下该金库无论从建筑设计上还是从技术设备上都是先进的银行地下金库，这一点也是新华银行大楼的一大特点。

新华大楼的建成在天津是有着很大影响力的建筑活动。因为在当时（1937年）无论从体量还是高度上两方面讲，它都是天津

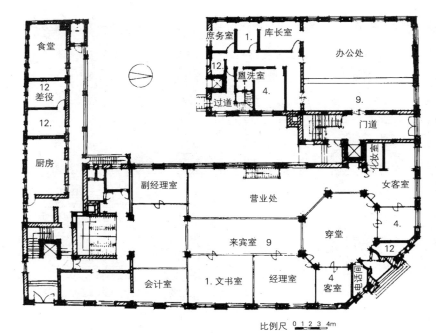

图69 新华信托银行平面图（资料来源：《天津近代建筑》1990／4）

市最大的银行建筑。据说新华大楼设计费9000个现大洋[①]，较高的设计费用保证了整座大楼的精心设计——窗花、营业厅、柜台等从大到小，从内到外都有设计图。这座建筑位置和朝向都很好，"房间采光都很好，住在里面很舒服"[②]。它的独特还在于采用了最摩登的现代设计手法（图70）——选取较为先进的"竹节钢筋"（即螺纹钢筋）作为钢筋混凝土的受力主筋，基础采用桩基和箱形基础，结构梁的最大跨度达到了13m。无论从哪个角度讲，它都是那个时代的先进代表。大楼的主体结构是现浇钢筋混凝土框架结构，大厅

---

① 冯建逵先生采访录。
② 陈淑琴先生采访录。

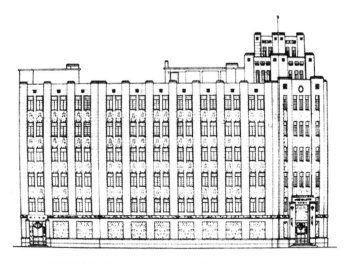

图70 新华信托银行立面图（资料来源：《天津近代建筑》1990／4）

的柱子用劲性钢骨混凝土，使框架梁跨度能够达到很大。1939年天津发大水，街道变成河道，许多人躲进新华大楼，当时大楼刚落成不久，经受住了洪水的考验，成为人们避难的庇护所[①]。

上海华信工程司

20世纪30年代中前期，沈理源正在上海从事建筑设计工作，在上海由华信工程司设计的建筑作品目前已发现十余例[②]。但这些建筑是否均由沈理源设计目前还不能确定，因为上海华信工程司的经营人不只沈理源一个人，另外还有杨润玉等人从事建筑设计工作。沈理源在上海时具体做了哪些工作？具体什么时候在上海工作过等具体情况目前尚无法考证清楚，所以对沈理源在上海这段历史的详细情况还有待后来研究者进一步挖掘。

---

① 陈淑琴先生采访录。
② 详见本章最后部分"沈理源先生部分建筑作品表"。

清华园内的现代风

在 20 世纪 30 年代中前期，西方功能主义的现代建筑风格也影响到了中国。它以形式自由、造型简洁、注重功能、经济合理、没有装饰或少量装饰等特点而成为时代的新风格。它利用新结构和简洁的建筑形象去完成新型的功能要求，而成为建筑探新的一种新尝试。现代主义建筑作为具有科学性、先进性的西洋建筑文化的最新代表，它改变了部分近代城市的面貌，促使建筑形式走向简约化。

这段时间，沈理源在京、津、沪三地都进行过建筑设计，北京以清华园建筑为代表，天津以新华信托银行为代表，上海在这一段时间也有沈理源设计的建筑落成。三个地区之中，清华大学建筑规模最大，时间最为集中。我们把这段时间，以清华大学建设为主线，沈理源在京津沪等地从事建筑设计的时间阶段称为"清华园建筑阶段"。建筑作品以天津的新华信托银行、北京的北大图书馆、清华园的化学馆为代表。它们具有典型的现代建筑特征，体现了新时代新文化运动的精神。

影响清华园建筑的三位建筑师

清华园是在清代皇家园林（清华园、近春园、长春园）的基础上发展而成的[①]。自 1911 年建校至今校园规划经过了多次变动，其中两次有名的规划是美国建筑师墨菲（Henry K.Murphy）1914 年做的校园规划和杨廷宝 1930 年做的校园规划。这两位建筑师在做规划的同时也设计了一些单体建筑，如墨菲的四大建筑（图书馆、体育馆、大礼堂、科学馆）和杨廷宝的"新四大建筑"（图

---

① 黄延复.清华园风物志.北京：清华大学出版社，1988.

书馆扩建、气象台、生物馆、明斋)。这些建筑如今都成了清华园里的著名建筑。

从时间上看，这些建筑都是 1930 年以前所建，那么像 1931 年以后的名建筑如化学馆、电机馆、机械馆、水利馆、土木馆、旧大饭厅、新斋、静斋、善斋、平斋、新林院、胜因院、西校门等又是谁设计的呢？

通过查阅清华大学建筑图档发现：这十余例建筑的建设年限均发生在 1931~1937 年间。这期间参与校园建设与设计的单位较多，如天津华信工程司、基泰工程司、校土木工程系和美国人阿奈尔（Carl L.Anner）。而这十余例建筑中约半数且较大规模的建筑均是由华信工程司沈理源设计的（详见下表所示）。另外诸如土木工程馆、体育馆扩建、校西门等"设计者不详"的建筑从设计手法上推断也应属沈理源设计。如此看来，沈理源先生对清华的校园建设是有着重要影响的。

在清华园的建设史上，1931 年以后的校园建设（图 71）实际并未按 1930 年的校园规划进行，那么这是否与沈理源有着直接的关系呢？为了从这些建筑中找出规律性的东西，我们不妨把清华大学 1914 年至 1937 年抗战爆发前这段时间的建设年表列表如下，从下表我们可以发现，从 1914 年校园规划到 1937 年抗日战争前期这段时间清华园经历了三段时间的大规模集中建设期：

（1）1914~1917 年早期规划建设期。这段时间为期 4 年，在任校长周诒春，主要建筑师墨菲。

（2）1929~1930 年再次规划建

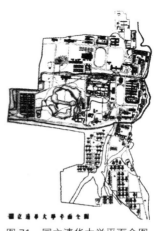

图 71 国立清华大学平面全图

期。这段时间为期2年,在任校长罗家伦,主要建筑师杨廷宝。

(3) 1931~1937年较大规模建设期。这段时间为期7年,在任校长梅贻琦,主要建筑师沈理源。

这三个阶段既有共同特点又有不同之处。共同的特点是:每个建设阶段都持续时间较长、建设时间集中,建设期间校长基本未有换任,且每一阶段都有一个主要建筑师在发挥重要影响。不同特点是:1914~1917年和1929~1930年两个阶段设计单位都只有一个,而且都拿出了自己的整体规划,确保了单体设计与整体规划的协调发展。而1931~1937年的建设阶段设计单位却是多个,而且都没有自己的总体规划图而仅仅是在校方提供的规划地盘中进行单体设计。

这样做很容易就会出现一个结果,那就是杨廷宝先生所说的"清华的规划常常是因主持人而异,不同时期,不同主张,结果建乱了,那是很糟糕的。"[1]由杨老的这句话我们也可以想见,清华大学后期建设的确没有按着他1930年的规划实施,而且是在没有新的总体规划的基础上进行的,"乱"也就难以避免了。但是这并不能因此而说明沈理源的介入使清华园的规划变混乱了。因为:(1)这期间校园的建设工作不只是华信工程司一家在做;(2)一个地区的建设是与它的区域行政负责人、时代背景以及建筑师分不开的。所以,在看待沈理源先生对于清华园建筑的影响时,我们更应从单体设计成就、建设规模及其影响上加以评价,而不应把一段建设历史简单地归结到一位建筑师身上。

另外,在清华校园的近代建设史上,除了以上三个阶段外还存在三个建设阶段。它们是1909~1911年建校前夕奥地利人斐士

---

[1] 罗森.清华校园建设溯往/张复合.建筑史论文集.第14辑.北京:清华大学出版社,2001.

承建校医院、同方部、北院和一二三院阶段；1920~1927年的照澜院、工艺馆、丁所建设阶段；1937~1948战争年间的胜因院，附中、附小建设阶段。不过这三个阶段无论从建设规模还是从建筑成就上讲都是无法与以上三个阶段相比的。

至此，从上述情况的梳理中，我们是否可以得出这样的结论：清华园的近代建筑是北京市的优秀近代建筑，墨菲、杨廷宝、沈理源三位建筑师从三个不同的建设时期对清华园的近代建筑建设留下了不朽的业绩。无论从建设的时间跨度、建筑数量以及建筑作品的影响力几个方面看，他们都是清华校园建筑的先驱设计者和主要奠基人。

清华大学1914~1937年建设年表

序号	建筑名称	建设年代	设计者	出处	在任校长
1	第一个校园规划	1914.10	墨菲		周诒春（1913.10~1918.1）
2	图书馆	1916.4	墨菲		
3	体育馆	1916.4	墨菲		
4	甲、乙、丙所	1917	不详		
5	大礼堂	1917.9	墨菲		
6	科学馆	1917.9	墨菲		
7	照澜院（旧南院）	1920.7	不详待考	《中国近代建筑总览·北京篇》	严鹤龄
8	工艺馆（土木馆）	1922.3	不详待考		王文显
9	丁所	1927	不详待考		曹云祥
10	生物馆	1929.9	杨廷宝		罗家伦（1928.8~1930.5）
11	明斋	1929.9	杨廷宝		
12	清华大学地盘总图	1930.2	杨廷宝		
13	图书馆扩建	1930.3	杨廷宝		
14	气象台	1930.6	杨廷宝		

续表

序号	建筑名称	建设年代	设计者	出处	在任校长
15	化学馆	1931.7	沈理源	校档案馆档案	翁文灏
16	善斋、静斋	1932	阿奈尔	校档案馆档案	梅贻琦（1931.12~1937.8）
17	土木工程馆	1932	不详待考		
18	体育馆扩建	1932	沈理源	名人录顾宝琦简介[①]	
19	西校门	1933	不详待考	校档案馆档案	
20	新西院	1933	Carl L. Anner		
21	水利实验馆	1934	清华土木系		
22	机械工程馆	1934	沈理源		
23	六院男生宿舍	1934	不详待考		
24	旧大饭厅	1934	沈理源		
25	新林院（新南院）	1934	沈理源		
26	电机工程馆	1934	沈理源		
27	航空馆	1934	沈理源		
28	新斋	1934.5	基泰工程司		
29	平斋	1935	基泰工程司		
30	普吉院	1937	基泰工程司		

沈理源的清华建筑

沈理源在清华设计建成的第一个建筑大概要数化学馆了（图72）。随后建成的还有机械工程馆、北大饭厅、新林院（新南院）、电机工程馆、航空馆。这些建筑性质不同，风格各异，每栋建筑都因其鲜明的个性和不凡的历史而展现着各自的风采。沈理源在清华园的建筑作品多集中在1931~1936年，这期间刘南策为沈理源在清华工程的现场监工和助手[②]。

---

① 中国专家人名辞典编委会.中国专家人名辞典·天津卷.天津：天津社会科学院出版社，1994.

② 冯建逵先生采访录。

图72 化学馆设计合同书（资料来源：清华大学校档案馆）

化学馆

位于校园西北方向，"从20年代前期开始学校就曾规划把校园建成两个教学中心：东区以清华学堂、大礼堂为主是留美预备部区，西部以近春园遗址（荒岛）为中心新建大学区。""后来因校事动荡，这个计划未能实现。化学馆和生物馆是规划中拟建而且建成了的仅存两座建筑物。"[①]

1925年（"民国"十四年），清华学校改组清华大学，分设各学系，化学系即由此时产生。该馆1931年7月开始建造（图73，图74），1933年夏落成，面积5722m^2，是旧清华最大的系馆。"化学馆是模仿美国康奈尔大学的化学馆建造，为近代折中式，属装饰派（Art Deco）风格。"[②]这种风格是介于古典主义和现代主义建筑之间的过渡风格，在中国产生于20世纪20年代末30年代初。化学馆与3年后在天津建成的新华信托银行具有相似的风格，都是以挺拔的垂直线条统帅全楼，从贯通直拔的竖窄墙和墙头、檐部的精细花饰我们可以隐约感觉到西洋古典建筑中那挺拔的壁柱，精细的檐花……化学馆是沈理源先生从西洋古典风格走向新古典风格[③]的一次重要实践，是新中国成立前校园内除气象台以外的最

---

① 黄延复.清华园风物志.北京：清华大学出版社，1988.
② 魏篙川.清华大学校园规划与建设研究.清华大学硕士论文［D］，1995.
③ 介于古典建筑和现代建筑之间的过渡建筑时期，属于艺术装饰主义风格。

图 73 清华大学化学馆

图 74 清华大学化学馆局部

高层建筑,也曾是国内重要的化学中心。化学馆的兴建是清华校园里的一次重要建筑活动。

北大饭厅

建于 1934 年,面积 2075m^2,初建时称"四院大食堂",是一座"宏伟的建筑,具有精美之外表和周到完善的内部设置"。在清华园的各大饭厅中,它历史最久,也最富纪念意义。它采取先进的食堂管理方法,实行同学与食堂的甲乙方关系制度,使同学们从中体验到服务精神,培养了民主作风,在今天看来,这种功能精神也正应是建筑精神之所在。

新林院

俗称新南院（图75，图76），是一片单层坡顶住宅区，供教职员居住用。新林院始建于1934年，初建时规模较大，质量好，装备齐全，共30所，总面积6588m²。新中国成立前陈岱孙、俞平伯、吴有训、李辑祥、施嘉炀、张荫麟、闻一多等先后在这里居住过，为这片住宅区增添了更多的历史价值。

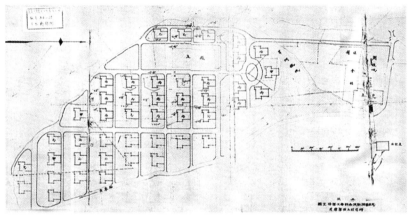

图75　新林院规划设计平面图（资料来源：清华大学档案馆图档）

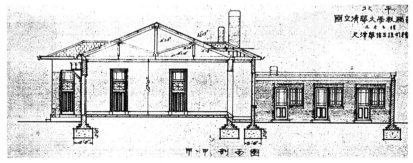

图76　新林院小住宅剖面图（资料来源：清华大学档案馆图档）

机械工程馆、电机馆、航空馆和体育馆扩建

它们都是20世纪30年代的同一时期所建,均为砖混结构,立面简洁明快,与化学馆一样同属新古典风格。其中航空馆和电机馆(图77)为坡顶结构,机械馆(图78)为平顶结构。这里积聚了当时国内最先进的设备与师资,为培养科技与军工人才做出了重要的贡献。

图77 清华大学电机馆
(资料来源:近代中国建筑总揽·北京篇)

图78 清华大学机械馆
(资料来源:近代中国建筑总揽·北京篇)

另外,土木馆、校西门(1933年)电机馆、水利实验室、机械馆虽无原建图档,但从建筑风格、手法及建造年份看当属沈理源设计——此论尚需进一步核实考证。

天津的小洋楼

20世纪二三十年代的天津是仅次于上海的工商业大都市。也是自清代起,名人云集的文化名城。这里住有清末的达官贵人,有盘锯一方的军阀督军甚至各个时期的大总统、工商业的大企业家、至于科学家、作家、文化名人更是举不胜举了。正是这些历史上的风云人物,使这个当时的大都市更具有传奇色彩。他们的故居多集中在五大道附近,俗称天津小洋楼,是天津宝贵的文化遗迹和文物遗产。沈理源在天津该地区设计的名人故居还包括：孙传芳住宅、许氏住宅、王占元住宅以及著名戏剧学家周明泰故居等。

从抗战前夕到新中国成立前夕这段时间，沈理源的住宅建筑基本都以现代建筑形式出现，尤其是王占元在大理道的三栋别墅住宅，以屋顶大晾棚和首层半圆花厅做为现代功能主义建筑的大胆尝试，说明了沈理源先生勇于创新的建筑精神。沈理源能从古典建筑风格迅速转到现代建筑，本身就说明沈理源的设计风格不是学院派僵化的古典模式，而是善于创新的，有着良好建筑素养的建筑设计风格。作为建筑师，沈理源的建筑作品就是其建筑思想的最好诠释。

沈理源在天津的住宅建筑作品从风格上看，有 20 世纪 20 年代的折中式也有 30 年代以后的现代建筑。独立式住宅多变的形体、各异的风格、公寓式住宅的摩登处理，以及里弄式住宅所具有的韵律感和群体轮廓，共同形成了城市风貌的一道文化风景。沈理源的作品所代表的近代天津住宅建筑其景观价值就在于它是城市建筑的主体，又是与政治、经济、文化因素相关的社会形态的映衬。它们无论记载了这个半殖民地城市多少不光彩的过去，但还是作为客观的建筑文化载体随着时间的推移融入到天津这个殖民地城市的历史风貌中。

1935 年，日本策动华北防共自治，北平爆发了一二·九运动，战争的硝烟已经开始弥散。在大气候的影响下，全国建筑活动开始减少，沈理源的建筑活动也受到很大影响，建筑活动范围基本限制在天津一地，建筑设计内容也局限于住宅设计和房屋修建设计方面。

孙传芳住宅

坐落在天津市泰安道 15 号，建于 1921 至 1922 年，总建筑

图 79 孙传芳住宅剖面（资料来源:《天津近代建筑》插图）

面积 3500m²。建筑为两层西式四坡顶住宅，砖木混合结构（图 79），局部有地下室。建筑物汇集了不同年代多种建筑风格及其手法，属于折中主义建筑。建筑年代虽然较早，但房屋平面结构颇具现代建筑特征，如功能性很强的平面布局，外墙面较少而代之以大面积玻璃窗，房屋东侧转角处为外凸多角形采光厅。主楼四周设有封闭式回廊，回廊的门窗与里面房间的门窗对应，这样既不遮挡里面房间的视线，又增加了室内房间的私密感。

该楼屋顶为大坡瓦顶，坡顶上开矩形、圆形、蚌形多种式样的老虎窗，屋脊中部有装饰性的采光亭，八个圆柱承托着盔帽式的顶子，上插旗杆，颇具特色（图 80，图 81）。需注意的是，该楼坡屋顶在屋角处向上略作翘曲，类似于中国古典建筑的翼角起翘做法，在西洋建筑中并不多见。该楼立面处理简洁，很少装饰，正入口处有 4 根爱奥尼柱子形成外凸门厅。室内装饰豪华，顶棚有装饰灰线，图案各异。木制门窗套，护墙板，木踢脚板和硬木

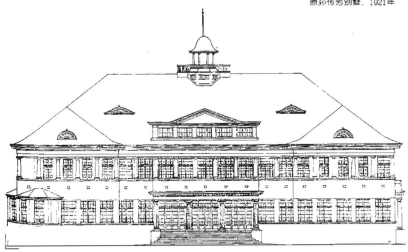

图 80　孙传芳住宅立面图（资料来源:《天津近代建筑》插图）

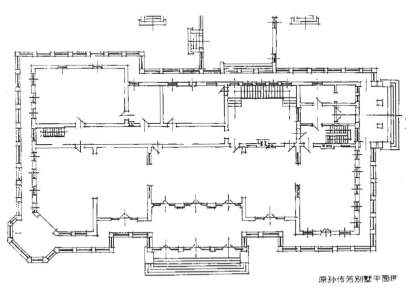

图 81　孙传芳住宅平面图（资料来源:《天津近代建筑》插图）

人字地板，色调和谐，古朴典雅。室内窗台较低，把外部风景引入室内，坐在室内仿佛置身于窗外花园之中。

许氏住宅

在五大道地区，沈理源设计的小洋楼中最有名的是张作霖三姨太许氏那座英格兰庭院式的旧宅（图82）。该建筑始建于1926年，由华信工程司沈理源设计，其主楼为砖木结构，红砖墙，红陶瓦多坡屋顶，三层的木屋架为外露造型，使整个效果更具英国乡村气息。该院落占地2376m^2，总建筑面积（含院内平房）达1512m^2。该建筑是张作霖的三姨太许夫人以"庆羯堂许"的名义购置的私人住宅。

图82 许氏住宅

王占元宅

建筑位于和平区大理道64—70号（图83），是王占元为其三个儿子修建的三幢相同样式的现代式住宅，现为天津市第一工人

图83 王占元住宅（资料来源：《天津近代建筑》1990／4）

疗养院。王占元曾任湖北督军，并一度兼任省长，在直奉战争失败后回津从事工商业活动，在许多企业与银行均有投资。

该宅建于1940年，是3座外观简洁的现代式小住宅。混合结构，局部三层，平屋顶。平面布局采用非对称式，首层局部凸出部位为半圆形玻璃花厅（图84），其屋顶做为二层的阳台。外檐采用矩形钢窗和转角钢窗，显得敞亮明快。临大理道一侧二层上人平台屋顶上面，有挑出4~6m的钢筋混

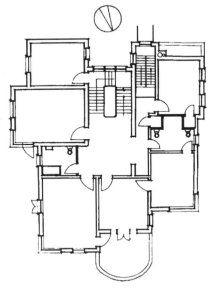

图84 王占元住宅平面图
（资料来源：《天津近代建筑》1990／4）

凝土大凉棚，结构独特。中间门厅有三跑主楼梯，东侧通道内有两跑次楼梯供佣人使用，三楼可通往大阳台。室内地面和楼板均为高级硬木拼花地板，墙面和顶棚均有花饰灰线，材料和质量均为上乘。顶层出挑的大凉棚和首层外凸的半圆花厅是本住宅建筑的设计特色，它为现代主义建筑自由平面、讲究功能、摒弃装饰的特征作了一次有益的尝试。

周氏旧宅

建筑坐落在和平区河北路273号[①]（图85），这里所说的"周氏"，便是周学熙的长子周明泰；周学熙为华北著名的实业家，1906年在唐山创办启新洋灰公司、滦州矿务局。1908年又在北京创办京师自来水公司。辛亥革命以后于1912年与1915年两次出任北洋政府财政总长，创办华新纺织公司，在天津、青岛、唐山、卫辉创办四个华新纱厂。周明泰，字志辅，别号几礼居主人。周明泰勤于著述，出版的著作有数十种之多，主要集中在史学和

图85 周氏住宅

[①] 此宅据周学熙之子周艮良说，是周志辅的住宅（周祖奭先生采访录）。

戏曲文献学方面，周明泰对中国戏曲有特别情结，为收集有关文献资料，他常常豪掷千金而不顾。20世纪30年代，周明泰收购到大量清代南府和升平署的抄本，成为其收藏中的珍品。

该西洋风格的缸砖小楼建于1933年，就是经常被戏曲史学者提起的几礼居。小楼砖混结构，门窗皆为菲律宾木，窗台为汉白玉，铁窗上镶嵌着空心玻璃，十分精巧，是一座英国外廊式庭院住宅楼。小楼所用深褐色缸砖，据传全部来自英国，每块价格当时可购一袋面粉。周明泰居室在二楼阳面，东面和南面都有窗户。他的戏曲文献收藏，都安置在楼内的书斋"几礼居"中。

小楼建筑面积1300m²。住宅功能安排合理，一层为客厅、餐厅、书房和暖房，二层为四间卧室和卫生间，三层有一间起居室，两间卧室和卫生间，并设有小楼梯可通向屋顶凉亭。建筑立面简洁大方，屋顶为四坡瓦顶，显得活泼典雅。外墙砖采用开滦矿务局出的麻面缸砖[①]，墙面质感显示了主人古朴大方的建筑审美情趣。主楼首层为连拱券敞廊（现已用塑钢窗密封），正立面入口底层为椭圆形拱券柱廊，二层为仿爱奥尼双柱式柱廊，双柱间窗下有瓶饰。窗间墙饰以花草浮雕，侧墙面有一女人头像雕饰（图86，图87），属于集中装饰的做法，檐口下墙面采用水泥砂浆粘小河光石，并有回纹饰带。外檐采用钢门窗，内檐木装修和设备考究。建筑整体看简化装饰，但不放弃古典建筑的柱式和柱券敞廊，体量关系借鉴现代主义建筑的结构方式。

民园西里住宅

建筑坐落在常德道（图88），三层砖木混合结构里弄式住宅，建于1939年，因毗邻民园体育场西侧，故名"民园西里"。建筑面积3690m²。全里共3幢楼房，每幢房屋由分户单元联排组成，

---

① 徐志荣先生采访录。

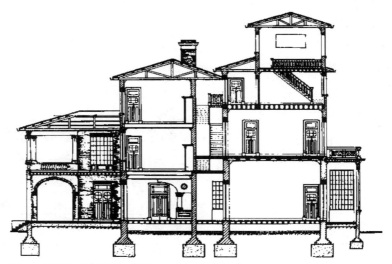

图86 周氏住宅剖面图（资料来源：《天津近代建筑》1990／4）

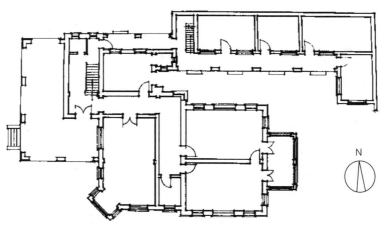

图87 周氏住宅平面图（资料来源：《天津近代建筑》1990／4）

图 88　民园西里住宅

半开间纵向楼梯间，入口设有小过厅。每个单元前后设小院，均设置独立的厨房、卫生间和起居室、卧室、佣人房、餐厅、储藏室，暖卫设施齐全，为当时中产阶级的住宅。住宅一层设起居室、餐室、厨房、佣人住房及储煤室，起居室与餐室用推拉门连通和分隔。二层卧室与卫生间相连，卫生间设有坐式恭桶、澡盆、手盆等卫生用具。局部三层设有储藏室。屋顶作晒台并设有后院与佣人间相联，后门通往户外。该建筑横墙承重，木屋架筒瓦屋顶，楼层是木龙骨、木地板，木楼梯，卫生间为钢筋混凝土板。外檐为琉缸砖清水砖墙，大筒瓦坡屋顶，朴素大方。建筑外形简洁，功能合理，体量感强，是现代主义建筑的典型之作。

积善里住宅（华信址）

建筑坐落于洛阳道 13-25 号（图 89），毗连式里弄住宅，建于 1936 年，两层砖混结构四坡顶，清水砖砌外墙，造型外观简洁朴实，仿赖特草原式住宅风格，但把山墙做成了中国传统式的硬山马头墙。把部分窗子做成了外凸的梯形平面窗，是对传统样式窗的一种改革做法。建筑内部卫生设备齐全，功能安排合理，

图89 积善里住宅（华信址）

此建筑曾长期作为华信办公居住所在（图90，图91）。

除上述建筑之外，华信在天津的住宅建筑还有守善里住宅、新华村住宅等。这些住宅一部分是在抗日战争期间军阀富豪、王公贵族为躲避战乱，纷纷来到租界区买地构建的房屋，还有一些是银行投资的里弄式住宅。从建筑风格看，多为20世纪30年代作品，这些地处租界的住宅建筑材料使用考究，样式各异，反映出沈理源先生广博的建筑知识与多变的建筑手法，并具有较高的建筑品位。

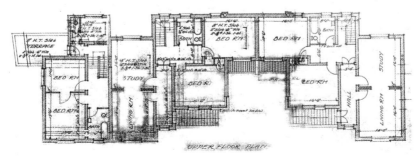

图90 积善里住宅平面图（部分）（资料来源：天津市房管局图档）

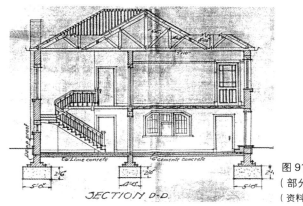

图 91　积善里住宅剖面图（部分）

（资料来源：天津市房管局图档）

沈理源的改建作品

抗战前后，随着经济的衰败，建筑业整体进入萧条期，建筑活动以修缮改建者最为普遍。到抗战胜利后，百废待兴，房屋重建工作较多，受大环境影响，沈理源在这期间做的房屋修建改造工作较多，完全的新建设计较少。

启新洋灰公司楼改建

坐落在大沽北路与承德道的交口处。建于 1913 年，奥工部局工程师布吕纳（Brane Moser）设计[①]。1934 年，经华信工程司设计，局部进行改建，（图 92）前檐立面和屋顶部分同原设计已大不相同。改建后为砖混结构，局部三层，部分带地下室，木屋架坡顶。原东西两翼部分，底层和二层采用抱角壁柱，上设腰檐，连列长条木玻璃窗，窗间红砖清水垛。大楼二层正面是三个连列柱券，设有外廊及花格廊栏杆，其中间部分设有盾牌和佩带装饰。三层采用小抱角壁柱，两翼角楼采用折坡挂瓦顶。中间大屋顶和

---

① 高仲林主编.天津近代建筑.天津：天津科技出版社，1990.

图92 启新洋灰公司楼

两翼角楼顶部均设小平台,周围设透瓦花饰栏杆,角楼顶上还设有装饰性旗杆。建筑物上的盾牌和佩带等雕饰是传统西洋式古典做法,形式纯正,比例适中。由此可以想象,沈理源先生若没有接受过严格的建筑细部和古典技法训练,作出如此纯正的西洋古典建筑装饰来是不可想象的。

中南银行改建

中南银行位于解解放北路90—91号,现在的建设银行。建筑面积3855m²。该分行于1922年投资建成,取名中南银行的含义,为中国与南洋华侨合作之意,原设计人待查。大楼原为二层钢筋混凝土框架结构地下室一层,后于1938年由华信工程司沈理源设计增加一层,营造商徐志荣先生。

该建筑受当时欧洲探新运动的影响,但基本上还受古典主义三段论的束缚，只是把古典建筑的部件加以简化。该建筑以钢筋混凝土穹顶外装镂空金属花饰为中心，对称布置，以竖线条为主。整个建筑立面显得十分简洁（图93，图94，图95）。青花岗岩贴砌的外墙、高大的壁柱、门口的四根独立石柱和做工精细的大理石台阶。以地下室作为台基，一、二层为柱身，半圆的柱子已完全简化，没有柱头，转角处的柱础成小八角板，柱墩也成小八角形。中间的柱础只是略有出挑半圆形。

主要入口顶部建有一方塔楼，上有半球形的铜质镂空花穹顶，穹顶受维也纳分离派展览馆的3/4金色镂空穹顶集中装饰的影响，但可惜镂空花穹顶太高，路上行人一般很难看到。该穹顶原在二层屋顶上，在增加第三层时，为避免大结构保护性拆除带来的人力、财力的巨大浪费，徐志荣先生命工人使用千斤顶用整体平移

图93　中南银行沿街外观

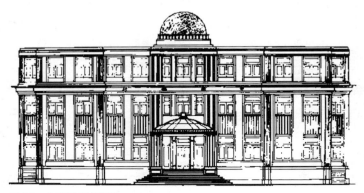

图 94 中南银行立面图

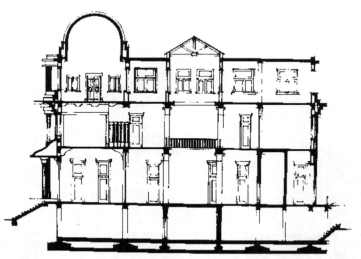

图 95 中南银行剖面图（资料来源：《天津近代建筑》天津科技出版社，1990／4）

的方法把穹顶移至三层屋顶上。营业大厅由首层地面贯通至屋顶，并在二层地面高度挑出回廊，形成共享空间。除营业厅外各室地面根据使用功能不同，做法也不同，办公室以高级硬木地板为主，窗户全部为木制双层窗。

中国联合准备银行改建

坐落在今解放北路268号，建筑面积2614m^2。为二层（局部带地下室）混合结构，平面近似矩形，原为居住建筑，1938年卖给中国联合准备银行后，改变用途，由沈理源进行改建设计（图96）。该楼具有现代建筑风格，简练、庄重。立面线条以横线条为主。外墙用仿石面砖贴砌，局部为混凝土抹灰饰面。大门上方外檐墙高度突出，中央设置旗杆，楼左右两端前檐突出为半圆形，增强了建筑主体立面效果。该建筑为木楼板，钢筋混凝土梁、柱和基础，坡屋顶，地下室采用防水混凝土地面。

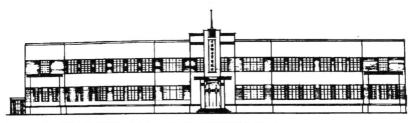

图96 中国联合准备银行（资料来源：《天津近代建筑》插图）

两个建筑现象的思考

丰富多彩的建筑风格与类型

沈理源素以银行建筑师和西洋古典建筑专家给人留下深刻印象。那么是否沈理源只专长于西洋古典建筑或银行建筑而对其他建筑类型或建筑风格并不熟悉呢？

通过分析沈理源的四十余例建筑作品，结果发现沈理源的建筑作品无论从风格来讲还是从建筑类型来讲都可谓丰富多彩，设计手法多变，创作思想活跃；沈理源的作品无论其古典建筑还是现代建筑风格都别具特色，富有创意，且不是拘泥于僵化的古典构图形式。

在不到20年的时间里，沈理源设计的作品展现了多姿多彩的风格，如盐业银行和金城银行的罗马古典复兴风格，真光电影院的古典式折中主义风格，新华信托银行的早期现代主义风格、王占元住宅的摩登建筑风格等等。建筑类型则从银行建筑到办公建筑、剧院建筑、商场建筑、住宅建筑等类型多种多样。结构类型则包括大跨度建筑和高层建筑以及大量性普通建筑等，沈理源在大跨度建筑上的尝试不仅包括真光电影院，而且在新华信托银行建筑中采用了13m大跨度梁，也是当时建筑结构的一个大胆尝试。

沈理源作为近代中国著名建筑师，其作品风格和类型都丰富多彩，影响范围也较为广泛。除了上述建筑活动外，沈理源还作过城市规划设计和区域规划设计，搞过文物建筑测绘等工作。他参加的"上海市中心区域规划设计"，完成的万安公墓规划设计和清华大学新林院规划设计都产生过重要影响。他测绘的杭州胡雪岩故居图成为中国建筑师用现代测绘方法绘出的第一张建筑测绘图。

所有这一切说明沈理源先生有着开阔的建筑眼界，广博的建筑知识和丰富的建筑实践，堪称一代建筑大师。

没有"中国固有形式"建筑实例的建筑师

在对沈理源的作品进行宏观浏览时，会很容易发现其建筑作品中的另一个现象，那就是他的实施作品中竟没有一例中国古典式样的建筑作品。

中国建筑业的发展是与本土经济文化的繁荣是分不开的。第一次世界大战之后，民族工商业的发展以及对西方文明的反思，致使国内民族主义情绪高涨。因此，中国建筑界在追随西方建筑形式的同时也出现了十多年时间的以国粹派著称的"中国固有式建筑"[①]思潮。以吕彦直的中山陵为代表，大量的归国建筑师将创作热情转入到中国固有式建筑的创作中，如杨廷宝、董大酉等在那一时期设计了中山陵园音乐台、市政府大厦、上海市博物馆等。

奇怪的是沈理源先生却最终没有融入到这股大潮中。那么，沈理源先生对中国古典式样的建筑作品如何看待？他是否从来没有搞过中国固有形式的建筑设计呢？

1930年，以中国固有形式建筑风格为特征的"上海市中心区域规划设计"公开向社会招标，沈理源参加了这次设计竞标。由此可见，沈理源先生是参加过中国固有式建筑设计的。但他参加这次设计竞标活动是出于商业需要，而实际兴趣并不在这里。因为在其他时间的建筑实践中，沈理源很少去做中国固有式建筑的设计，至今尚未发现他设计一例中国固有形式的建筑实物。

沈先生很少学术言论，他只是用建筑实践来默默验证自己的建筑思想。据沈理源后人讲，沈先生虽然没有在学术界公开过自己的态度，但在非公开场合对大屋顶建筑带来的形式的代价是表示怀疑的[②]。他对国内"国粹派"建筑的影响采取的是"不评价，不褒贬"，[③]不积极响应，不盲目追随的态度。始终坚持自己的创作道路。

因此，我们可以设想，沈理源先生受西方建筑教育影响较深，

---

① 弘扬民族建筑风格，但又区别于外国人设计的中国式建筑。
② 沈韵梧、沈匡德采访录。
③ 陈式桐采访录。

对西洋建筑的特征及发展前景的研究颇有造诣，而对中国传统建筑样式在经济、功能、适应性等方面的特征是持不欣赏态度的。另外，从沈先生的部分遗留资料[①]（图97，图98）看，沈先生至少到20世纪20年代中期一直与国外建筑发展进程保持着有效的联系。也就是说，沈先生坚持的是一条与西方建筑发展轨迹相近的自己的创作之路，是世界主义的。

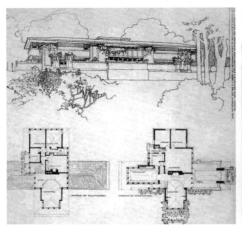

图97 沈理源遗物－原版资料
（资料来源：顾放先生提供）

图98 沈理源遗物－原版资料

---

① 1922~1925年的大量西方原版建筑图片。

播种希望——兼重建筑教育的建筑师

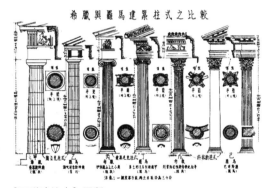

《西洋建筑史》图版

20 世纪 20 年代末，沈理源先生就比较早地步入了建筑教育界，一直到 1950 年去世，20 多年的时间里，他为我国建筑教育的发生和发展作出了不可磨灭的贡献。在京津两地，北大艺术学院建筑系、北大工学院建筑系和天津工商学院建筑系都留下了沈理源先生倾心建筑教育的不平凡的足迹。

无论在哪个学校，沈先生在建筑设计和建筑历史上的深厚功底和素养都深深影响了他的学生们。当年随沈先生学习的建筑学生们如今在各自的工作岗位上都有所建树，他们深厚的建筑素养和扎实的基本功与学校的教学风格影响是分不开的。除教课之外他还注意青年教师的培养工作，天津大学冯建逵教授和清华大学王炜钰教授就是沈先生倾心培养出的两位著名建筑教师。

翻译《西洋建筑史》是沈理源先生在建筑教学与师资力量培养之外又一个杰出的贡献。《西洋建筑史》凝结了沈理源先生大量的心血，体现了他渊博的专业知识。这本书的问世为我国建筑院校提供了第一本中文版的建筑历史教材。

沈先生在建筑教育的多个方面都取得了丰硕的成果，无愧于近代中国建筑教育史上的一位杰出建筑教育家。

两系身影

一般人认为中国建筑教育起源最早应属苏州工专，实际上中国建筑教育最早的文字记载应该追溯到 1903 年的《奏定学堂章程》。《奏定学堂章程》又称"癸卯学制",其中就设置有"建筑学门科目",只是由于种种原因没有开办这一科教学的实践而已。中国学校开设建筑课程的最早记载见于《建筑新法》一书,它是中国近代最早的一部介绍西式建筑设计、结构和构造的著作,出版于清宣统二年,即 1910 年。该书的作者张锳绪,他最早在农工商部高等实业学堂开设建筑课程,将建筑教育付诸实施[①]。随着近代早期建筑留学生陆续回国,中国近代建筑教育开始初具规模。首先,作为专业进入教学的,是 1923 年江苏省苏州工业专门学校开设的建筑科。据该科第一届毕业生 1926 级的学生张镛森先生回忆,建筑科"*由日本留学回国的柳士英、刘敦桢、朱士圭、黄祖淼诸先生筹办*"。1927 年南京中央大学建筑系成立,宣告了近代我国有系统、有规模的大学建筑教育开始形成。接下来东北大学和北京大学艺术学院建筑系分别成立,到 1950 年以前,由中国建筑家主持的大学建筑系共有 14 个,分别设在中央大学、东北大学、北京大学、勷勤大学、沪江大学、中山大学、天津工商学院(津沽大学)、之江大学、重庆大学、克强学院、圣约翰大学、清华大学、唐山工学院和北洋大学。

在大学建筑系创建的大潮中,许多建筑师一方面执业建筑设计,一方面到大学兼职教授。沈理源就是 1928 年北大艺术学院建筑系的教授之一。这之前,除了中央大学建筑系外,中国还没有大学建筑系。沈理源的从业范围主要在京津一带,因此他较早便进入了北平大学工学院建筑系和天津工商学院建筑系任教,沈理源当时已经设计过盐业银行、浙江兴业银行、真光电影院等建筑,是具有丰富实践经验的建筑教师。而且他在建筑艺术和建筑历史

---

① 赖德林.关于中国近代建筑教育史的若干史料.建筑师(vol.55).

方面都有较深厚功底，从而也是一个兼重建筑艺术与工程技术的建筑教师。沈理源在建筑教育方面的贡献从如下他的建筑教育记录中可窥见一斑。

1928~1934年受聘兼任国立北平大学艺术学院建筑系教授[①]

1938~1949年受聘兼任国立北平大学工学院建筑系教授、系主任[②]

1937~1949年受聘兼任私立天津工商学院建筑系教授、系主任[③]

1946年左右，与刘福泰商议创建北洋大学建筑系事宜[④]

后在北洋大学平部任建筑教师[⑤]

沈理源作为北方著名的建筑师，在北方两大建筑院校——国立北平大学的建筑系和天津工商学院建筑系有着重要影响。20世纪三四十年代，他在两校建筑系都曾担任建筑系主任，为两校建筑人才的培养作出了不可磨灭的贡献。

国立北平大学的建筑系

1928年，国民政府实行"大学区"制，成立国立北平大学，下属11所学院,其中艺术学院(院长徐悲鸿)设建筑系,当年招生。建筑系主任汪申，教师沈理源、华南圭、朱广才、曾叔和、张剑锷等。1929年停止"大学区"制，艺术学院改称国立北平艺术专科学校，次年又划归北平大学，仍称艺术学院[⑥]。"到1934年时，建筑系主

---

① 城市建筑的未来与发展.原载《建筑科学与文化》.http：//www.cc.org.cn/上网日期2001.03.05.

② 张复合.中国近代建筑总览·北京篇.北京：中国建筑工业出版社.1993.

③ 冯建逵先生采访录，周祖奭先生采访录。

④ 沈韵梧老师采访录。

⑤ 北洋大学——天津大学校史编辑室编.北洋大学——天津大学校史.天津：天津大学出版社，1990：451.

⑥ 从1928年到1934年共有三班毕业生。

任沈理源，有八名教授。该系课程偏重绘画造型艺术，同时开设工程和设计课程。这是中国第一个设在艺术大学中的建筑系，也是中国第一个正规的大学建筑系。"①该系只招收过三届共三班学生，第一届学生有黄庭爵，第二届学生有高公润，到1934年左右该系停办。②

1937年北平沦陷，1938年华北伪政权借北京大学名义成立"国立北京大学"，将原北平大学工学院改为"北京大学工学院"，内设建筑工学系。系主任朱兆雪，任课教师有沈理源、高公润、赵正之、钟森等，课程中艺术设计与工程技术并重，又重视东西方古典建筑构图训练。该院1945年抗战胜利后，改为北京临时大学工学院，1946年由北洋大学接办，改称北洋大学北平部，1947年又改回北京大学工学院③，1952年北京大学工学院建筑系并入清华大学建筑系。

天津工商学院建筑系

天津工商学院是由天主教耶稣会神父子溥泽创办。建于1920年，校址在和平区马场道141号。最早只有两系：工业系和商业系。1948年，工商学院改名津沽大学。至1949年新中国成立前夕，工商学院共设3院11个系，现在校址为天津外国语学院所在地。工商学院时期是该校历史上的极盛期，有"煌煌北国望学府，巍巍工商独称尊"之誉。特别是20世纪40年代中期，人才荟萃，影响很大。

天津工商学院建筑系是津沽大学建筑系前身，是30年代中国北方有名的三大建筑系（东北大学建筑系、北平大学工学院建筑系、天津工商学院建筑系）之一，后与北洋大学建筑系，唐山交大建筑系合并发展成为现在的天津大学建筑学院。因此，天津大

---

① 张复合.中国近代建筑总览·北京篇.北京：中国建工出版社，1993.
② 冯建逵先生采访录，据冯先生讲这个资料由该系毕业生黄庭爵提供。
③ 北平大学工学院、北京大学工学院、西北工学院1984年10月天津校友录。

学建筑系最早可以追溯到 1937 年的天津工商学院建筑系，它创办于 1937 年，第一任系主任陈炎仲[1]，第二任系主任沈理源。主要任课教师有沈理源、穆勒（Mr.p.Muller）、阎子亨、张镈、林世铭、杨学智、黄庭爵等。

教学实践

支持古建测绘

中国古建筑是华夏文明的象征，它们的存在是一个地方历史源远流长的标志，正如意大利古罗马和文艺复兴遗留下来的古典建筑，为一个地方和地区的历史文明增添了光辉。而"从历史上看，历代宫室难逃 500 年一大劫之灾"[2]，沈理源深知这一层道理，因此在自己无精力研究中国古建筑的情况下，能够支持学生进行古建筑测绘。沈理源重视文物建筑保护和支持古建筑测绘的态度，从北大和工商两校建筑系学生和华信弟子顾宝琦参加故宫测绘的史实中均可窥见一斑。

在故宫的中轴线测绘工作中，沈理源任系主任的天津工商学院和北大工学院的建筑系学生和部分讲师都参加了测绘。故宫测绘"除少数自培的绘图员外，基本上是 1941 年毕业于天津工商学院的建筑系毕业生"，[3]在测绘过程中，陆续也有不少两地的建筑系学生参加进来，工商学院参加测绘的学生有虞福京、龚德顺、杨学智等，他们后来在自己的工作岗位上都作出了突出贡献；北大参加测绘的师生有冯建逵、臧尔忠、祁英涛等[4]，他们后来都成

---

[1] 留学英国，1940年去世。
[2] 张镈.我的建筑创作道路.北京：中国建筑工业出版社，1990：33.
[3] 张镈.我的建筑创作道路.北京：中国建筑工业出版社，1990：34.
[4] 冯建逵先生采访录。

为中国古建界的知名前辈。

　　沈理源任工商学院建筑系系主任时，张镈兼任该建筑系教授（1940~1946年），故宫的测绘主要就是张镈带领工商学院建筑系学生和基泰测绘技师完成的。它开创了天津大学建筑系（前身为天津工商学院建筑系）古建筑测绘实习的先河。并为天津大学今后在这个领域保持领先地位奠定了基础。张镈先生对这次测绘工作的评价是"工作认真，功底深厚，测量翔实，绘制精细"（图99，图100），这批图在当时条件下能绘制如此精细，反映了工商学院建筑系学生的绘图基本功非常扎实，这与当时该系的建筑教学训练是分不开的。直到今天，傅熹年教授在谈及这批故宫测绘图时，仍给予它们很高的评价，认为即使在现在科技条件下测绘出的古建筑测绘图有些也仍未达到这批图那么"精密、完整和规范化"。[1]

图99　故宫测绘图之——西华门彩色渲染图（资料来源：冯建逵先生珍藏照片）

---

[1]　傅熹年.中国古代城市规划建筑布局及建筑设计方法研究.北京：中国建筑工业出版社，2001.

沈理源对古建测绘的支持不仅仅限于工商和北大建筑系学生的测绘实习上,他在华信工程司的弟子当中也有人(如顾宝琦)参加了测绘,顾宝琦先生自18岁便跟随沈理源学习建筑设计,1944年至1946年组织测绘北京天安门城楼以及故宫三大殿,包括乾清宫、交泰殿,同时又测绘天坛祈年殿及附近建筑达数十处①。顾宝琦作为华信工程司的一员,参加测绘至少说明沈先生对古建测绘的重视不仅仅限于教学范围之内。

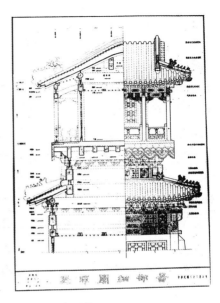

图100　故宫测绘图
(1944年,资料来源:冯建逵先生珍藏照片)

至于沈理源先生对待古建测绘的个人态度,从杭州胡雪岩故居的一张总平面测绘图上也可以略知一二。被称为"清代巨商第一宅"的杭州胡雪岩故居现已修复并对游人开放,它是根据沈理源1920年对它进行实测的一张平面图结合杭州市文物保护管理所的遗址考古复原而成的。②沈理源在1920年就意识到文物保护的重要性,并为此付诸实践,说明了沈先生的远见博识。这种远见应该说是与沈理源留学拿波里大学有着一定渊源关系的。拿波里附近的庞贝城就是一座从灾难中保存下来的千年古城,其文化价值昭然若揭。另外,从古罗马及文艺复兴时期遗留下来的文物

---

① 中国专家人名辞典编委会.中国专家人名辞典·天津卷.天津:天津社会科学院出版社,1994.

② 《新闻晚报》2001年2月2日。

建筑在意大利保护得也很好，为意大利的人文历史环境增添了光彩，成为世界文物保护的典范。这对留学意大利的沈理源应该是有着深刻影响的。因此，他测绘胡雪岩故居也就不难理解。

值得注意的是，朱启钤创办"营造学社"是在1928年，梁思成加入营造学社着手测绘北京故宫的工作发生在1932年左右，[①]也就是说中国近代建筑史上较早从事古建筑研究并保护的两位奠基人（朱启钤和梁思成）其实践活动实际比沈理源保护古建文物的实践要晚10年左右的时间。那么从这个意义上是否可以说，沈理源先生是第一个重视文物建筑测绘并付诸实践的近代中国建筑师呢？

重视建筑绘图的基本功训练

沈理源对学生的绘图要求非常严格，从构造关系（如楼板与承重墙的关系）到建筑细节（如柱头及线脚的画法）都要求交代清楚。这些训练与后来学生在故宫测绘中表现出的高超绘图技能不无关系。在教学中教师改图是学生们所期望的，许多老师改图说得多，动手少，而"沈先生改图时，则是边动嘴说边动手改，一边讲一边画，东西随手就出来了，细节很细，交代得也很清楚，脑手并用，显示出很高的建筑素养"。[②]沈先生的建筑绘图功力在意大利留学时就打下了坚实基础。他在拿波里大学的画法几何训练作业（图101）中所表现出的那种精细严谨的画风也直接影

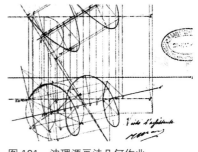

图101　沈理源画法几何作业
（资料来源：顾放先生收藏）

---

① 杨永生主编.建筑四杰.北京：中国建筑工业出版社，1998：57.
② 王炜钰教授采访录。

响到了学生的绘图技能,从学生的故宫测绘图(图102)中可以看出这种承传关系,即:功底深厚,绘制精细,求真求实。

注重学术交流和教材的编译工作

1. 两校建筑系学生的联欢

20世纪40年代沈理源在两校任课时,是这两个学校建筑系的系主任。他很注重学术间的校际交流,如沈理源本人、冯建逵以及沈韵梅等都在两系担任过专业教师。此外,学生之间的交流

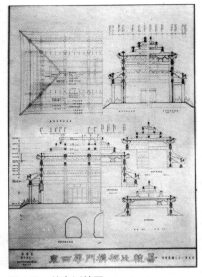

图102 故宫测绘图
(1942年,资料来源:冯建逵先生珍藏)

也是沈先生提倡的,如1948年左右两校建筑系之间进行过一次交流与联欢——工商学院建筑系的学生到北大工学院建筑系与该校学生联欢。除联欢外,学术交流是不可少的,"那一次还特意请清华大学的梁思成教授做过专业讲座。"①

2. 编译教材

在当时的教学中,建筑系学生没有统一教材,只能以外文原版书或教师的讲义为框架,靠老师手把手的教习来掌握建筑知识。为了学生们方便地掌握更多建筑知识,沈理源先生在经济困难的条件下自费编译出版了《西洋建筑史》,解决了建筑史的教材问题(详情参见本章第四节)。在建筑设计的教学中,沈理源也曾着手以讲义为蓝本编一本诸如《建筑原理》方面的教科书,这方面工作主要靠分

---

① 陈淑琴老师采访录。

别在"北大"和"工商"的两个助教王炜钰和陈式桐来进行[1],这部《建筑原理》不同于现在的"建筑设计原理"教材,他只是以西方古典建筑的五种柱式以及比例尺度、构图原理等为基本内容,融入现代建筑的设计原理、设计步骤等内容。它是讲综合设计概念的一部教材,并未涉及到中国古典建筑。因具体工作由陈士桐、王炜钰两位助教完成,沈理源建议以她们两个人的名义来出书,说明沈先生教书育人的同时,还有意栽培青年教师,为年轻人提供发展机会。据陈式桐先生介绍,这本教材已经初具规模,可惜的是由于战乱及生计问题该教材最终也没有与读者见面,现在底稿也不知去向。

注重实践教学,工程与艺术并重

天津工商学院建筑系和北平大学工学院建筑系是北方两所实力很强的建筑系。教师多是来自社会上很有经验的建筑师,因此能够保障学生理论与实践的相结合。在北大工学院,朱兆雪、沈理源、钟森是建筑系三个影响较大的人物。朱兆雪留学比利时,偏重于钢筋混凝土;钟森较偏重于工程,如材料、结构等;沈理源则擅长于建筑艺术,他喜欢分析建筑的艺术处理,如比例、尺度、细部推敲等等。因此该系的建筑教育风格受三位老师影响自然走上艺术与技术并重的道路。在工商学院建筑系,除了沈理源作为建筑设计教师外,还有法国著名建筑师穆勒,中国著名建筑师张镈、阎子亨等,设计实力非常强。穆勒的建筑设计水平从其作品中可以想见;张镈的特点则是手头功夫扎实,方案能力强,画图潇洒自如,一挥而就;阎子亨则在工程实践方面见长,他要求学生除了画图设计外,都要"盯现场"参加实践,经常要求学生亲自扛着测量工具到现场实测,女同学也不例外[2]。

---

[1] 陈式桐老师采访录。
[2] 陈淑琴老师采访录。

沈先生改图有一特色,那就是"用断面指导学生作立面,里面是什么东西,外面出来什么东西,图面上交代处理得很严谨,让学生了解得也很清楚",[1]这一点充分反映了沈理源先生重艺术的同时也对技术有着同样的重视。沈先生的建筑素养是很深的,他常常教给学生一些规律:如三段构图法造型上的规律,如承重和非承重结构装饰线脚的不同之处;如画柱头时不同的叠涩之间要有小垫板作过渡;如所有线脚,曲直关系、宽窄关系要对比着做才有神韵等等。沈理源先生常常教导学生"眼光要高,手也要跟得上"[2]。沈理源对图的要求很是认真,对学生易犯的错误了如指掌,如柱头细部,柱子比例等,他经常亲自改图、一丝不苟。至今许多学生谈起自己在工作中遇到的一些问题时,还经常感慨没有沈先生当年的严格要求就不可能有今天对西洋建筑驾轻就熟的掌握。在天津工商学院,建筑系的学生对他的盐业银行和新华银行大楼都很熟悉,因为都参观过这两座大楼,都对这两座建筑古典中蕴含着摩登精神的立面,完美的比例尺度,先进的地下银库留下深刻印象。沈理源就是这样影响着一批批学生,使他们从理论走向实践。他经常强调"建筑师眼里一定要有一把尺",建筑实物或画出的图一眼就能看出有多大,比例是多少,这样作出的东西才能比例协调,看着舒服[3]。建筑学生在2~3年级时要有暑假实习,一般是到生产单位画图实习,实习画图要求很细,深度往往到达施工图要求。另外沈理源对西洋建筑史特别熟悉,"沈先生的建筑史讲义是自己编的,很下工夫也很有条理,讲课时从建筑风格到代表人物,娓娓道来如数家珍,他对每个建筑时期的思潮、背景、特点、建筑师等都了如指掌,也讲得很清楚,讲课中沈理

---

[1] 王炜钰教授采访录。
[2] 陈淑琴老师采访录。
[3] 王炜钰教授采访录。

源的南方口音不时地夹杂着熟练的英文术语,给学生们留下深刻的印象。显示出对专业的很高素养和熟练掌握程度"。[1]在中国的建筑院校里,"当时的建筑教师多是些社会上的很棒的建筑师,实践和理论都很强"[2],沈理源就是其中一例。他教学很注重理论与实践的结合,一方面因为自己就是个实践经验丰富的建筑师,可以直接把经验告诉学生;一方面还经常组织学生参观他的银行建筑,进行仔细讲解,使学生在实物面前有较深的体会。在这些大学的建筑系里,沈理源兢兢业业,为人师表,为中国建筑界培养了一批批优秀的建筑设计人才,他的学生就是他教学成就的最好写照。

正是在这种基本功训练和建筑环境的熏陶下,北大工学院建筑系为我国建筑界培养出了像冯建逵、于倬云、杜仙洲、臧尔忠、祁英涛这样的知名古建专家和如王炜钰教授这样的室内设计专家。天津工商学院则培养出了像虞福京、龚德顺等这样的优秀建筑人才。

桃李满天下

北平大学工学院建筑系和天津工商学院建筑系作为较早从事建筑教育的大学建筑系曾培养出大量优秀建筑人才。他们秉承母校的建筑传统,在各自的工作岗位上为新中国的建设作出了应有的贡献,现仅举与沈先生交往较多、受沈先生直接影响较大的几位建筑前辈为例,说明沈理源以及他所在的北大工学院和天津工商学院在建筑教育方面的影响与贡献。

---

[1] 李准先生采访录。
[2] 陈淑琴老师采访录。

冯建逵（沈理源在北大的助教、工商学院讲师，在华信工程司的助手，现天大建筑学院教授，已退休）

1918年生于天津，1942年毕业于北大工学院建筑系，留校任沈理源先生的助教。并先后在北京大中工程司、北京基泰工程司、天津华信工程司等设计事务所工作过。1946年回到天津，任职于沈理源先生在天津的华信工程司。并任教于天津工商学院建筑系，最初接替张镈担任设计课讲师，后院校合并进入天津大学。主要建筑作品有：天津大学主楼（图103）和天大图书馆（主要设计人），主要著述有：《承德古建筑》、《清代内廷宫苑》、《清代御苑撷英》《冯建逵绘画集》。

图103　天津大学主楼

王炜钰（沈理源在北大的助教，现清华大学建筑学院教授）

1945年毕业留校任北大工学院建筑系助教，是沈理源在北大留的两个助教之一（另一个是冯建逵）。1952年院校合并时，并入清华大学建筑系，参加过革命历史博物馆、毛主席纪念堂等的设计。作品有人民大会堂香港厅、澳门厅（图104）、人大常委会会议厅、中央军委（八一大厦）、福建省人民大会堂等的装修设计，

图104 人民大会堂香港厅

还设计有珠海市圆明新园西洋楼景区。在西洋楼的设计中，王炜钰深有感慨，她说："西洋楼的设计很是受益于在北大上学时沈老师的严格要求，没有对西洋古典规则的深厚功底，要想仅凭借模仿就作出合乎专业要求的东西来，简直是不可能的"。西洋楼是谐趣园和远瀛观的合一设计，是一个成功的设计。它是在没有原物可模仿，也没有图纸可参考的基础上，仅凭一张郎世宁的铜版画推敲而成的。今天，王炜钰教授作为著名的室内设计专家，她的杰出成就又有多少是受当年沈理源先生重视室内细部设计风格的影响呢？如果说今天的香港厅、澳门厅的设计引起了国内外舆论的一致好评的话，那么当年沈理源的盐业银行室内外细部设计在当时和现在都可谓是建筑评论家们的良好素材。

陈式桐（沈理源在天津工商的助教，华信工程司的助手，现东北设计院建筑师，退休）

1946年北大工学院建筑系毕业，1946~1950年天津工商学院建筑系助教，1946~1948年在华信工作，曾长期住在洛阳道21号（华信旧址）做一些画图工作，同时也协助沈先生教课。"那时政府腐败、经济萧条，建设项目少，因此没有大的具体项目可做"。1950年离开天津到北京国家贸易部工作，1957年到东北设计院工作至今。主要设计作品：贸易部大楼（主要设计人之一）、黄河三门峡大型水利枢纽的阶梯式开发规划（三个大型居住区规划设计）、辽宁省体育馆、沈阳人民大会堂（未实施）等以及大量工业建筑。

欧阳骖（曾担任华信工程司在沈阳的工程监工和助手，现北京设计院建筑师，退休）

1946年北大工学院建筑系毕业，曾经协助沈理源在东北开展工作，新中国成立后到北京市设计院工作，主要建筑设计作品有：军事博物馆（北京）、首都工人体育馆等。

北大工学院建筑系的其他毕业生

在北平大学毕业的沈理源的学生中，有许多当年的学生现在都已经在自己的工作岗位上作出突出贡献，如李准（1945届毕业生，曾任北京市规划局总工）、赵家明（曾任北京市铁路局总工）等分别在城市规划和设计方面作出卓越贡献。另外需说明的是，冯建逵、于倬云、杜仙洲、祁英涛、臧尔忠等中国古建筑界的老前辈也都毕业于北平大学的建筑系，他们离开学校后在中国古建筑研究方面都各有所长。在一个学校里出了这么多古建专家，这说明他们后来的造诣和他们在校期间的建筑培养和熏陶是分不开的。

天津工商学院建筑系是当时中国北方有名的建筑系之一，它培养出的学生在北方建筑界产生过重要影响。张镈在《我的建筑创作道路》一书中提到，工商建筑系"1941届毕业生有11人，其中佼佼者颇不乏人……1944届的毕业班又出现两名高材生：一是虞福京……一是龚德顺……"除此之外，工商建筑系还有大量毕业生为国家建设作出了重要贡献。

虞福京（1945届工商建筑系毕业生）

在基泰随张镈工作过多年，建国后任天津市建委主任，后升为副市长，人大常委副主任。主要建筑作品有：天津市人民体育馆①（图105）、天河医院、保定道自来水公司办公楼、营口道中国银行、二宫大剧场、市公安局办公楼等。

图105 天津市人民体育馆（资料来源：邹德侬《中国现代建筑史》）

龚德顺（1945届工商建筑系毕业生）

一直在建工部②工作，很有建树，曾任建设部设计局局长，中国建筑学会秘书长。③主要建筑作品为建工部办公楼（图106），北京西郊总后军训部办公楼（1953年）、西藏甘孜机场候机室（1950年）、古巴吉隆滩纪念碑方案（1963年）、蒙古国

---

① 我国最早的一批体育馆之一，也是天津市规模较大的多功能厅堂建筑。
② 建工部的现在名称为"住房和城乡建设部"。
③ 张镈.我的建筑创作道路.北京：中国建筑工业出版社，1993.

乔巴山国际宾馆（1960年）等建筑，并著有《中国现代建筑史纲》一书。

陈淑琴（1949届工商建筑系毕业生）

毕业后留校任沈理源助教，后从事建筑设计工作。主要建筑作品有：天津市原儿童医院、柳林疗养院、军事医学科学院、天津水晶宫大厦（设计主持人之一）、津晚报大厦（设计主持人之一）等。

图106　建工部大楼
（资料来源：邹德侬《中国现代建筑史》）

陈学坚（1944届工商建筑系毕业生）

主要建筑作品：贸易部大楼设计（主要设计人之一）、黄河三门峡大型水利枢纽的阶梯式开发规划（三个大型居住区规划设计）、吉林工学院规划设计，吉林电力学院规划设计、沈阳市委小会堂设计。

天津工商学院建筑系的其他毕业生：该系创办十多年的时间里培养了大量的优秀建筑学生，京津两地建筑部门的管理干部和技术骨干大量都源自天津工商学院建筑系。比如：刘开济（1947届毕业生，曾任北京市设计院总工）。石学海（1947届毕业生，曾任建设部设计院总工）。另外，还有张镈在《我的建筑创作道路》一书中提到的林远荫、林伯年、陈濯、李锡震、李永序等都是优秀的建筑人才。他们为新中国的建设发挥了重要作用。

《西洋建筑史》

原著《比较建筑史》与弗莱彻

班尼斯特·弗莱彻（Banister Fletcher，1866~1953年）是19世纪最后一位伟大的建筑史学家。他于1896年出版了著名的建筑历史专著《比较建筑史》①。这部著作在今后的若干年里不断再版，并一再增页，到1987年的第十九版时，全书已经增至1600多页，包含4000余幅图片。这部书以翔实的资料、丰富的图片与独到的分析，将世界建筑的历史图卷展示在世人面前。关于这本书，因版本较多，书名也稍有不同。据知识产权出版社2008年新版沈理源先生的《西洋建筑史》中介绍："自第18版起，《比较建筑史》更名为《弗莱彻建筑史》(Sir Banister Fletcher's A History of Architecture)，同时，全书体例作了较大的调整，除增设一部分内容外，其较重要的改变是取消了东、西方两大部分的布局，打破了原书以欧洲为中心的建筑史观。该书自1896年问世以来，屡次修订再版，1996年出版了第20版，以庆祝该书出版100周年"。弗莱彻的这一著作，一度成为我们学习世界建筑史的必读书。即使在梁思成、杨廷宝等学习过的宾夕法尼亚大学，当时的西洋建筑史教材也是以弗莱彻的经典著作为蓝本②。所以这应是当时世界范围内的一本建筑史教材。

译著《西洋建筑史》③与沈理源

1937~1949年这一时期中国建筑陷入了停滞，进入了一个凋零期。由于八年抗日战争及四年的全面内战，城市建筑活动基本停滞不前，甚至还遭到破坏，许多建筑在战争中被挪作他用。这段时间沈理源的境况逐渐变的艰难，由于沈理源先生是一个平民建筑师，跟国民政府没有业务来往④，日伪时期又拒绝出任伪职，

---

① 王贵祥.西方建筑史学管窥.中国建筑学会建筑史分会编，杨洪勋、刘托主编.建筑历史与理论.第5辑.北京：中国建筑工业出版社，1997.
② 张镈.我的建筑创作道路.北京：中国建筑工业出版社，1993.
③ 《西洋建筑史》由沈理源先生自费制版并于1944年由源记文具行印刷出版，2008年由知识产权出版社新版。
④ 从他的建筑作品里可以看出这一点，他没有设计过任何政府委托的建筑作品。

因此设计和社会工作的经济来源非常有限。

　　作为一个平民建筑师，在大的政治环境混乱、社会动荡和经济萧条的情况下，沈理源没有参加社会工作，但也没有停歇下来。他把目光转向一本建筑史书上，这是他从意大利带回来的大量建筑资料及书籍中的一本，是英国建筑史学家班尼斯特·弗莱彻的经典著作《比较建筑史》。因为沈理源在教授工商学院建筑学课同时，还教授《西洋建筑史》，但讲义是英文原版的东西，不宜于学生迅速掌握，其中大量人名地名建筑名称等没有标准的英汉对照，讲解起来颇为费力，为了配合教学的需要，沈理源先生便在工余时间对这本巨著的有关希腊、罗马、文艺复兴等的西洋建筑部分进行了编译和制版工作[①]。由于书中图版很多，翻照制版并译成中文颇费心血，除了翻译大量文字，书中每一副图版都要重新描绘一遍，工作之繁可想而知。最终凭借其坚忍不拔的实干精神，这本凝聚着沈理源先生心血的《西洋建筑史》终于完成了。

　　这里需要特别一提的是：全部图版共400多页皆为铜版制版成本非常昂贵[②]，且翻译、制版皆为自费，而当时的沈理源先生因在日伪统治期间不出任伪职，且建筑设计基本处于停滞状态，生活来源遇到极大困难，因此生活较为拮据。但是，沈理源先生凭借一种不畏艰险、坚忍不拔的实干精神，最终把这本《西洋建筑史》的全三册完成了，最后印刷出版了四百册。据冯先生讲这本书制版用的铜版一直放在天津华信在积善里的旧址里，直到解放初期仍然存在，后在"文革"运动中不知去向。

　　本书与原著相比，涉及范围和印刷格式有所变动。原著内容

---

　　① 原著包括西方建筑史部分和东方建筑史部分，其中东方国家建筑较为散乱缺乏系统性，译著《西洋建筑史》旨在介绍西洋建筑，因此仅对原著的西洋部分进行翻译，从而略去东方建筑部分。

　　② 日伪时期，金属铜稀缺，因此铜版费用很高。

包括了世界范围内 40 个国家与地区的建筑及其历史,全部内容汇集于一册共约 1400 页。而译著《西洋建筑史》考虑排版和对照翻译问题,把全书分成三册,皆为 32 开本,分别为文字册、图片册、附录册(图 107)。其中文字和图片册均为四百余页,选其西洋建筑史内容汇编后分成 27 部分,它们分别是:

1. 先史时代之建筑
2. 导言
3. 埃及建筑
4. 西亚建筑
5. 希腊建筑
6. 罗马建筑
7. 早年基督教建筑
8. 拜占庭建筑
9. 伪罗马建筑总编
10. 意大利伪罗马建筑
11. 法兰西伪罗马建筑
12. 日耳曼伪罗马建筑
13. 哥德建筑总编
14. 法兰西哥德建筑
15. 尼德兰哥德建筑
16. 日耳曼哥德建筑
17. 意大利哥德建筑
18. 西班牙哥德建筑
19. 英格兰中古建筑
20. 文艺复兴建筑总编
21. 意大利文艺复兴建筑
22. 法兰西文艺复兴建筑

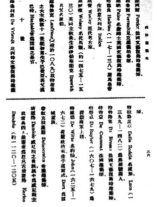

图 107 《西洋建筑史》附录页
(资料来源:天津市图书馆藏书)

23. 日耳曼文艺复兴建筑

24. 尼德兰文艺复兴建筑

25. 西班牙文艺复兴建筑

26. 英格兰文艺复兴建筑

27. 近代建筑

全三册当时定价国币 1000 元，民国三十三年 1944 年初出版，印刷者为志成印务工厂。这本书凝聚了沈理源先生太多的心血，400 多页的图片每页都包括若干个独立的小插图，最多的每页能包括十几个小插图，而插图的多数部分为重新绘制，从原著 207 页多立克柱式（THE DORIC ORDER）（图 108）与译著的相应内容页（图 109）的对比可以想见工作量之大。另外，在翻译过程中，

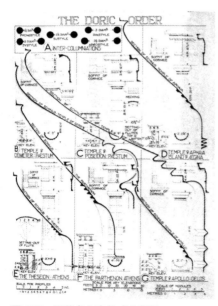

图 108　原著多立克柱式分析图
（资料来源：A History of Architecture）

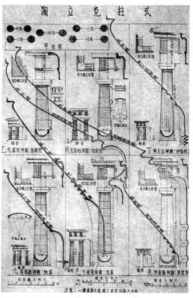

图 109　译著多立克柱式分析图
（资料来源：《西洋建筑史》）

遇到的最大麻烦要数人名、地名、专有名词名称的翻译了，为了读者中英文对照查考方便，"本书设附录一篇，凡书中神名、人名、地名、均将原名注明并加简解。建筑物名词及建筑名词附中西文对照表，外国语音译名词及史事均加以简解亦置于附录篇中"。附录册近200页分七部分，分别为：附录一：神名音译并简解；附录二：人名音译并简解；附录三：地名音译并简解；附录四：外国语音译并简解；附录五：史事简解；附录六：建筑物译名中西文对照表；附录七：建筑名词中西文对照表。关于本书的概貌，从"例言"中亦可窥见一斑：

西洋建筑史例言

本书为 Banister Fletcher 原著，其中以英国部分具述最详，编者因求均衡起见，将该部分各为削减。

原著分两部，前部为有系统性建筑即西洋建筑；后部为无系统性建筑即东洋建筑。本书定名"西洋建筑史"故后部未编入。原著每编分五章即"影响""特征""举例""分解"及"参考书"。编者因参考编书入，似过累赘，故将其删去。

本书凡一切译名均用特别符号标明，以便查考，神名以波纹线加于右旁如"哈骚"，建筑物名词以波纹线加于左旁如"巴得隆"，地名以单直线加于左旁如"巴黎"，人名以单直线加于右旁如"维纽拉"，民族或家族名以双直线加于右旁如"条顿民族"、"可隆那族"。

本书内凡地名人名之译者大半根据商务印书馆出版之综合英汉大辞典，但该辞典中所无者则由编者自译，恐有差误之处尚希读者诸君指示，当于再版时修正。书内凡各专门名词或依据上海建筑学会出版之建筑词典或依据商务印书馆出版之综合英汉大词典，本书设附录一篇，凡书中神名、人名、地名、均将原名注明并加简解。建筑物名词及建筑名词附中西文对照表，外国语音译名词及史事均加以简解亦置于附录篇中。

《西洋建筑史》系沈理源先生根据班尼斯特·弗莱彻（Banister Fletcher）原著《比较建筑史》第 10 版（1939 年）西洋建筑部分编译而成。通过这本书，沈理源先生较系统地把西方古典形式的规则介绍到中国，从而使我国建筑系学生拥有了第一本中文版的世界建筑史教材。

历史为证——一位值得纪念的建筑大师

沈理源学生赠纪念图章

在近代中国的建筑舞台上，早期归国的建筑留学生们如贝寿同、柳士英、沈理源、庄俊、梁思成、杨廷宝等在各自的领域内各展所长，他们或者倾心于建筑设计，或者从事建筑教育，或者热心于组建中国人自己的专业组织促进建筑交流，他们以不同的特色分别展示了各自的才华，为近代中国建筑的发展作出了杰出的贡献，沈理源先生即是其中的一位。

设计、教学、著述……沈理源先生作为一名建筑人，无论从哪个角度看都是一位值得纪念的建筑师。可惜的是，沈理源先生去世过早，他在近代中国建筑师群体中的印象总是模糊的。为了展示给大家一个清晰的轮廓，本文将通过如下三个角度来描绘沈理源先生的建筑生平：

1. 基本以20世纪20~40年代为时限，用表格的形式把主要的几个建筑事务所、建筑院校，以及几个有重要影响的建筑先驱者同沈理源进行多角度比较，从而有针对性地展示沈理源在上述各领域所处的地位。

2. 从沈理源的社会活动情况来看沈理源，展示他在建筑创作和建筑教育之外的贡献。

3. 通过沈理源的周围人的眼光来评价沈理源先生，用众人印象的片段来构筑起沈理源先生的基本形象。

通过上述方法，勾勒出沈理源先生客观和主观两个方面的轮廓，进而为沈理源先生描绘出一个印象更为清晰的完整形象。

院系、同行、事务所——从建筑实践看沈理源

早期的几所建筑院系比较

中国由国人创办的最早的有系统、有规模、持续办学时间较长的大学建筑系应该说是建于 1927 年的中央大学建筑系和 1928 年的东北大学建筑系以及北平大学艺术学院建筑系,它们的创立是中国近现代建筑史上的一个里程碑,具有重要的历史意义。到 20 世纪三四十年代,中国共有十几所建筑系先后成立,它们遍布中国多个重要城市,其中以北方城市的建筑系规模和实力最强。

本部分所选建筑系主要是北方地区影响较大的建筑系,苏州工专建筑科和中央大学建筑系因为建系早,影响大,亦收入其中。本节内容把上述院系建系时间、建系教师和教学特点等几个方面的情况置于一张表格中,在对比中展示了每一位建筑师在近代中国建筑教育方面的贡献。

早期的几所建筑院系比较

院系	创建年代(年)	系主任(年)	主要教授	备注
苏州工业专门学校建筑科	1923	柳士英(1923)	朱士圭(1892~1981年)、刘敦桢(1897~1968年)、黄祖淼	该校建筑科的培养目标与日本学制基本一致。1927年7月并入第四中山大学;1928年5月又改名为国立中央大学
中央大学建筑系	1927	刘福泰(1927)鲍鼎(1939)	李毅士、卢树森、贝寿同、刘敦桢、谭垣、朱神康、陈裕华、刘既漂、虞炳烈、鲍鼎等人	最早的大学建筑系,后发展成为今天的东南大学建筑系

续表

院系	创建年代（年）	系主任（年）	主要教授	备注
东北大学建筑系	1928	梁思成（1928）赵冬日（1945）	林徽因（1904~1955年）、陈植（1902~2001年）、童寯（1900~1983年）、蔡方荫	艺术与技术并重，对个体建筑设计加以突出，培养出了大量著名建筑人才③。1931年9.18事变后停办，新中国成立后重建
北大艺术学院建筑系	1928	汪申（1928）沈理源（1934）	沈理源、华南圭、朱广才、曾叔和、张剑锷	"该系课程偏重绘画造型艺术，同时开设工程和设计课程。这是中国第一个设在艺术大学中的建筑系，也是中国第一个正规的大学建筑系"②
北大工学院建筑工程系	1938左右	朱兆雪	沈理源、高公润、赵正之、朱兆雪、钟森	课程中设计与工程技术并重，又重视古典建筑（中国和西方）构图训练；1952年并入清华大学建筑系①
天津工商学院建筑系	1937	陈炎仲（1937）沈理源（1940）	沈理源、Muller、张镈、冯建逵、黄庭爵	教会创办学校，有外籍教师任教，沿袭法国学院派教学体例，课程重视建筑艺术与工程实践，1952年并入天津大学建筑工程系
清华大学建筑系	1946	梁思成	林徽因、刘致平、莫宗江、吴良镛	课程注重基本训练，建筑设计与中国建筑史尤为突出。1952年后北大工学院建筑系并入，仍称建筑系②
北洋大学建筑系	1946	刘福泰	刘福泰、温梓森、苏吉亨、杨若余、曾和琳、沈理源⑥	1946年左右，刘福泰曾与沈理源商讨创建北洋大学建筑系④。1946年，北平大学工学院建筑系曾被北洋大学接管设立北洋大学建筑系北平部⑤

续表

院系	创建年代（年）	系主任（年）	主要教授	备注
唐山工学院建筑系	1946	林炳贤（1946）刘福泰（1949）	林炳贤、约根森（英籍丹麦人）、刘福泰、王挺琦、戴志昂、徐中	聘有外籍建筑师任教、艺术师资力量较强

注： 1. 张复合.中国近代建筑史"自立"时期之概略.建筑师.1996（vol.11）.
2. 汪坦主编.中国近代建筑总览·北京篇.
3. 张镈.我的建筑创作道路.北京：中国建筑工业出版社，1993.
4. 沈韵梧（沈理源后人）追忆.
5. 1984年"北平大学工学院、北京大学工学院、西北工学院"天津校友会名册.
6. 北洋大学—天津大学校史编辑室编.北洋大学—天津大学校史.天津：天津大学出版社，1990.

早期的几位杰出建筑人比较

20世纪10年代至20年代，留学西方学习建筑学的中国学生陆续学成回国，形成为数可观的中国第一代建筑师队伍。中国建筑师的登场改变了由外国洋行垄断建筑设计的局面。他们在建筑设计、建筑教育和建筑理论研究等多个方面都为近代中国建筑的发展开辟了道路。在他们共同努力下，二三十年代中国出现了近代建筑师创作的黄金时期。

表1选择了8位建筑师进行列表比较，选择建筑师所依标准为惟一综合标准，即综合考虑了留学归国时间较早，开办建筑事务所建筑作品影响较大，在建筑教育中产生过较大影响等多重因素，排序以留学归国时间为序。

本表从留学毕业、创建（或加入）建筑事务所、从事建筑教学的时间以及主要建筑作品和著述等几个方面进行列表比较，可以看出在第一代留学归国建筑师中，沈理源先生属于留学毕业时间较早的一位。他主持建筑师事务所的时间在以上几位建

表 1

早期的几位杰出建筑人资料

序号	姓名	毕业院校	建筑任教院校及时间	建筑事务所	主要建筑作品	备注
1.	庄俊（1888~1990年）	美国伊利诺大学（1914年归国）	不详	1924年创建庄俊建筑师事务所	上海金城银行(1929年)、青岛设计的交通银行(1934年)、上海妇产科医院（1934年）等建筑	组建中国建筑师协会
2.	沈理源（1890~1950年）	意大利拿波里大学（1915年归国）	北京大学艺术学院（1928年）、北京大学工学院（1934年）、天津工商学院（1938年）	最晚1921年即已经营华信工程公司	天津盐业银行、浙江兴业银行、天津新华信托银行、王占元住宅、周学熙住宅、真光电影院、开明剧院、北京西郊万安公墓规划、清华园诸馆	翻译出版《西洋建筑史》
3.	柳士英（1893~1973年）	日本东京高等工业学校（1920年归国）	创办苏州工业专门学校建筑科（1923年）	1922年与刘敦桢等创办华海公司建筑部	长沙电灯公司、长沙医院、并进行湖南大学的校园规划与设计了大礼堂、图书馆、工程馆等建筑	
4.	吕彦直（1893~1929年）	美国康奈尔大学（1918年归国）	无	1924年创建彦记建筑师事务所	南京中山陵和广州中山纪念堂	英年早逝
5.	刘敦桢（1897~1968年）	日本东京高等工业学校（1922年归国）	苏州工业专门学校建筑科（1923年）、中央大学建筑系（1927年）	1922年合作创办华海建筑师事务所	上海纱厂厂房及办公楼设计、湖南长沙天心阁设计、湖南大学教学楼设计、南京中山陵光化亭设计、南京中央大学学生食堂设计等	编著《中国古代建筑史》1932年参加营造学社工作

续表

序号	姓名	毕业院校	建筑任教院校及时间	建筑事务所	主要建筑作品	备注
6.	杨廷宝（1901~1982年）	1924年毕业于美国宾夕法尼亚大学建筑系	南京工学院建筑系主任（新中国成立后）	1927年加入基泰建筑事务所	清华大学校园规划、和平宾馆、府井百货大楼、雨花台烈士陵园、北京火车站、北京图书馆（新馆）、南京中山陵园音乐台、等一百多个作品	著有《杨廷宝谈建筑》（新中国成立后整理成）
7.	梁思成（1901~1972年）	1927年毕业于美国宾夕法尼亚大学建筑系	创建东北大学建筑系（1928年）创建清华大学建筑系（1946年）	无	人民英雄纪念碑（设计主持人）、吉林大学校舍、北京大学地质馆、北京大学女生宿舍、北京仁立地毯公司铺面、扬州鉴真和尚纪念堂	一生著述很多，在中国古建研究方面造诣深，营造学社奠基人
8.	童寯（1900~1983年）	美国宾夕法尼亚学（1928年）	中央大学建筑系（1944年）东北大学建筑系（1930年）	1932年加入华盖建筑师事务所	南京国民政府外交部大楼、南京首都饭店、大上海戏院、上海金城大戏院、孙科住宅、南京中山文化教育馆、南京地质矿物博物馆	一生中著述很多，在中国古典园林方面造诣很深

筑师中当属最早，截止到新中国成立前，他从事建筑教育的时间也属于最长和最早的一位，他在建筑设计和专业著述方面都作出了杰出贡献。

早期的几个知名事务所比较

中国人最早的建筑师事务所是由第一代留学归国的建筑师创办的，它们完全按照西方事务所的经营模式建立并营业。这些建筑师属于近代中国的"自由职业者"，他们一方面开办事务所搞设计创作，一方面到大学兼职教学，通过多种形式对中国近代建筑的发展作出了贡献。在张镈列出的 20 世纪二三十年代国内有名的 20 个建筑师事务所中，北方只有四个事务所被选入其中[1]，其中以华信工程司知名度最高。表 2 选择 10 个有代表性的建筑事务所是考虑以下几个要素：①以张镈《我的建筑创作道路》列举的 20 个知名事务所为基础。②创建时间比较早（1930 年以前），持续时间比较长。③产生过较大影响。

本表通过简单的分类比较，在上述提到的建筑师事务所中可以看得出，沈理源的华信工程司相对创立时间最早（1921 年以前），持续时间较长，产生影响较大（设计过著名建筑，在地方产生过较大影响），因此在上述建筑师事务所中应该算是有特色的一个。

通过同时期建筑师教学、开办事务所和个人概况的比较，可以看出：

1. 沈理源先生在建筑留学生创建事务所的实践中属于最早的一个，最晚 1921 年即已在天津开业。作为中国建筑师，他的事务所在中国北方持续时间最长，影响也最大。

---

[1] 他们是沈理源的华信，钟森的龙虎，还有朱兆雪和汪申伯的事务所。

表 2

早期的几个知名事务所比较（1930年以前）

设立年份	事务所名称	建筑师	所在地	建筑作品
1921以前	华信工程司	沈理源、杨润玉	北京、天津、上海	浙江兴业银行、盐业银行、中华工业银行、新华信托银、老九章、王占元住宅、周学熙住宅、成都道新华村、洛阳道积善里、大理道守善里等里弄住宅建筑
1921	彦记建筑事务所	吕彦直	上海	南京中山陵、广州中山纪念堂
1921	基泰工程司	关颂声、朱彬、杨廷宝(1927年加入)、杨宽麟	天津\北京、上海\南京	基泰大楼、旧中原公司大楼、河北省体育场、永利碱厂、沈阳京奉铁路奉天总站、北京交通银行、清华大学图书馆扩建、南京中央医院、中央体育场、中山陵音乐台、海大新公司等
1922	华海建筑事务所	柳士英、刘敦桢、王克生、朱士圭	上海	长沙电灯公司、长沙医院
1925	庄俊建筑师事务所	庄俊	上海	上海金城银行(1926年)、上海大陆商场(1931年)、今东海大楼、上海大西路产妇医院、济南、哈尔滨、大连、上海、青岛、徐州等地的交通银行、南京盐业银行
1927	范文照建筑师事务所	范文照	上海	上海的北京大戏院、南京大戏院和美琪大戏院，以及南京的交通署大楼和铁道部大楼等
1930	华盖事务所	赵深、陈植、童寯	上海	上海大戏院(1933年)、上海恒利大楼(1933年)、浙江兴业银行大楼(1935年)和浙江第一商业银行(1948年)
1930	董大酉建筑师事务所	董大酉、哈雄文	上海	上海市中心区多座大型公共建筑的设计如：市政府大厦（上海市体育会主楼）、上海市博物馆（上海长征医院）和上海市图书馆（同济中学）等
1930	李锦沛建筑师事务所	李锦沛、李扬安、张克斌	上海	清心女中（1933）、广东浸礼会教堂、中华基督教女青年会（1933）、广东银行大楼（1934）、严公馆（1934）
1930	杨锡镠建筑师事务所	杨锡镠	上海	上海百乐门舞厅

2. 沈理源较早就涉足中国建筑教育事业，并在中国北方最著名的两所大学建筑系长时间任教，从列表可以看得出，沈理源是北方建筑院系建筑学教师中最为出色的一个，他以其深厚的建筑功底和博学的建筑知识为新中国培养出了大量优秀建筑人才。

3. 在所选著名建筑师中，能在建筑创作、建筑教育、建筑著述、开办建筑事务所等方面都产生较大影响的，沈理源应该是最突出的一位。

无论从最早一批建筑从业，还是从建筑教育及建筑设计的贡献来讲，沈理源先生都是一位很值得重视的建筑师。他在他生活的那个年代为我们竖起了一个高大伟岸的身影，然而在现代建筑人眼里，他却没有产生那么大的影响。分析其原因，应该出于以下几个重要方面：

1. 沈理源先生留学意大利，20世纪40年代以前留学意大利且后来从事建筑师职业的学生中目前只发现沈理源一人[①]。沈理源先生作为早期知名建筑师，由于地域和建筑风格等原因，未参加"上海建筑师协会""中国建筑师学会"或者"营造学社"等建筑团体或组织[②]，因此沈理源先生多年以来几乎是一个人在奋斗，走的路子也是一条极具平民化色彩的建筑师之路，故而难以在较大范围内对建筑界产生更大影响。

2. 沈理源1915年便留学归国，这之后10多年时间的建筑活动在当时的社会历史背景下就很少被后人（包括他的子孙）了解或记录下来，而这段时间正是沈理源先生事业的鼎盛期。因此，

---

① 这一点从曾坚《中国建筑师的分代问题及其他》（《建筑师》67期）一文以及黄键敏《中国建筑教育溯往》（《台湾建筑师沦丛》第二辑，中国建筑工业出版社，1987）一文中的建筑师列表中都可得到佐证。

② 根据目前掌握的资料，未发现沈理源先生参加过上述团体或组织。

当今建筑界对他的陌生也就可想而知了。

3. 沈理源先生离世较早[①]，在新中国建筑舞台上无法留下多少足迹，加之关于沈理源先生建筑作品及建筑思想的原始文字记载已经所存无几，因此，他留给当今建筑界的印象也就比较淡漠。

4. 他从事教学的北平大学工学院建筑系和天津工商学院建筑系新中国成立后分别被合并到清华大学建筑系和天津大学建筑系，而这两个学校的建筑系史习惯上未再追溯到北平大学工学院建筑系或天津工商学院建筑系。因此，沈理源先生在建筑教育上的影响也就往往被忽视。

上述种种遗憾是由特定历史造成的。然而，历史并不能因此而磨灭掉开拓者的足迹，也不能磨灭掉他在建筑设计、建筑教育、建筑历史研究方面的杰出成就，同时也不能磨灭掉他作为天津大学建筑学院前身天津工商学院建筑系的奠基者所起到的历史作用及其影响。

教授、总工、地下党——从社会活动看沈理源

沈理源的一生代表了近代中国学子报效祖国的一生。不管什么年代，无论什么处境，他们都是以民族的兴亡、时代的需要为己任，把国家的、民族的利益看得高于一切。在清末民初，科技救亡的呼声召唤着一批又一批沈先生这样的年轻人发愤图强，出国留学，以实现"科技救国"的梦想，日伪时他身陷敌统区但拒绝出任伪职，新中国成立后则又应人民的召唤，走进历史舞台为社会建设添砖加瓦。沈理源先生从留学归国到1950年去世，历

---

① 新中国成立后一年即1950年沈理源便因病去世。

任的职务有:"民国"黄河水利委员会工程师、华信工程司主持人、北京大学艺术学院建筑系教授、北京大学工学院建筑系教授、天津工商学院建筑系主任、教授,新中国成立后曾任中央人民政府贸易部基建处总工程师、天津市人民政府建设局总工程师等职。

一张讣告

沈理源习惯于辛勤耕耘,直到晚年,他依然一个人身兼数职:贸易部基建处总工程师、北京大学教授、工商学院教授、华信主持人等。一直到1950年在北京因心脏病病逝前夕,他还在为新中国贸易部大楼的设计工作呕心沥血。沈先生去世后由贸易部负责葬于北京西郊万安公墓(图110)。如今,我们从1950年他逝世时的一张讣告(图111)中可以想见沈理源先生社会活动之多,社会联系之广泛,讣告是由11家单位联合发布的,它们是:

1. 中央人民政府贸易部
2. 北京市人民政府建设局
3. 北京人民政府卫生工程局

图110 沈理源墓碑

4. 北京市政府建设计划委员会
5. 中直修建办事处
6. 中国建筑公司
7. 北京公营建筑公司
8. 永茂建筑公司
9. 北大工学院
10. 清华大学工学院
11. 天津津沽大学

图111 沈理源去世时的讣告
（资料来源：沈匡德收藏）

这11个单位中，除了中央人民政府贸易部、北大工学院和天津津沽大学是他生前工作过的单位，其他8个单位目前尚无资料说明与沈理源有何关系。由此自然会产生一个疑问：沈理源先生有那么多社会活动或联系鲜为人知，那么在目前已掌握的资料和线索之外，沈理源先生还有多少作为不为后人所了解？还有多少作品没有被发现？这个问题到今天为止，还将是一串长长的问号。

讣告对沈理源先生是这样评价的："先生为我国有数之工程专家，在京津两地教育及建筑工程方面贡献颇大"。从以上11家单位的情况看得出，沈理源先生晚年是在北京度过的，而且到1950年10月去世止，沈先生曾挂衔任职多个社会部门，可见他在当时社会中有着较大的影响力。其实，一张"讣告"根本不能涵盖沈理源的社会任职和社会贡献，沈理源实际上有不少活动在一般资料上是难以找到的，有些甚至连他的家人也不太清楚。他的学生、后人当中不少人都讲过他曾被聘任天津市建设局总工以及参与全国政协工作的事情，但由于当时正是新中国各部门筹建阶段，沈理源的工作安排比较杂乱，工作时间较短，因此很难有档案资料能反映出沈理源当时的工作情况。

贸易部总工、政协委员及其他

贸易部是沈理源去世时的所在单位，是经其学生陈学坚介绍而去的。当时贸易部正在筹建阶段，贸易部的办公大楼设计方案也正在酝酿中，沈先生作为技术领导（贸易部基建处总工）自然担当起对大楼的建设策划工作。可惜，沈先生英年早逝，据王炜钰和沈韵梧回忆，沈理源是因心脏病发作医治无效去世的，去世的前几天还在探讨贸易部大楼的设计问题[①]。

新中国成立之初，沈理源先生的工作特别繁重。他频繁地往返于京津两地，为新中国建设添砖加瓦。今天，查看天津市人民代表大会志，在天津市首届各界代表会议的都市建设委员会名单和天津市第二届各界协商委员会名单中均能找到沈理源先生的名字（图112）。另据陈学坚先生回忆，新中国成立前期沈理源还担任过天津市建设局的总工职务，陈学坚的一位兄弟在解放区工作，是城市工作部的，新中国成立前期进入天津物色新中国成立后的城市工作人员，才经由陈学坚找到沈理源，从而，沈理源出任天津市建设局的总工职务。

支持"地工部"的工作

日伪时期，沈理源没有前往重庆，而是留在沦陷区从事教学工作。"由于战乱生意比较冷清，工作之余常常打打麻将……沈先生是南方人，爱玩麻将"，[②]这是常年跟随沈理源的冯建逵先生的评价，但是冯先生并不知道，沈先生打麻将只是一种掩护，后来的天津市市长黄敬、盐业公司景家[③]的二少爷等人当时是他麻将桌上的常客。其实他们是以打麻将作为一种掩护方式，显然把华信

---

① 此楼后由徐中及陈式桐、陈学坚夫妇设计完成。
② 冯建逵先生采访录。
③ 曾出任久大精盐的经理。

天津市首届各界代表会议决定成立的天津市都市建设委员会名单

召集人	张华戬			
委　员	王心田	沈理源	高镜莹	郭洪涛
	张华戬	杨石先	刘璞	刘菲祺
	霍荫龄	阎子亨	顾敬	

天津市第二届各界人民代表会议选出的第二届各界协商委员会名单①

王亢之	王老五	王翰臣	朱继圣	朱宪彝
阿　英	李天焕	李烛尘	李广茂	李钟楚
沈理源	吴大任	宋棐卿	孟秋江	周克刚
俞蔼峰	孙少华	郭洪涛	黄　敬	黄火青
张淮三	张琴南	刘再生	刘后同	刘华圃
刘锡瑛	杨亦周	杨健庵	董少臣	董劲秋
董晓轩	赵今声	罗　云	谭志清	萧采瑜

———————

① 1950年2月14日，天津市第二届各界协商委员会首次会议推选黄敬为主席，黄火青、李烛尘、刘锡瑛、孟秋江为副主席。

图112　1950年天津市人民代表大会都市建设委员会名单

当成了地下工作联络点，"沈先生在日本沦陷区，对地下工作做了不少贡献，对保护白区地下工作者做了不少工作，这一点其家人当时也不了解。"①沈匡德先生也曾提起过沈理源支持地下工作的情况，"当时年纪还小，印象中进屋后就把门关上的客人应该就是地下党人"。天津新中国成立后，解放军安抚百姓，沈先生就曾带领解放军战士在积善里一带挨家挨户慰问过，这个情景说明沈理源新中国成立前就已经跟共产党建立了联系。这一点，王炜钰教授在《忆恩师》一文中也曾提到过类似情节：沈理源先生曾积极帮助一名地下工作者背景的学生从天津工商学院转到北大工学院的情景。

———————

① 王炜钰教授采访录。

沈理源的一生，不只是一名职业建筑师的一生。他对建筑创作及建筑教育的投入证明他对中国近代建筑的多方面发展作出过积极贡献；他新中国成立前对地下党的支持以及新中国成立后对新中国建设事业的积极参与说明他对中国革命的支持以及对新中国的热爱；他广泛的社会联系说明他作为新中国的一位建筑师有着较大的社会影响。因此，可以说沈理源先生作为一位建筑学家对中国近代建筑事业作出了重要贡献，作为一名无党派人士，其贡献与地位得到了新中国的认可。

朋友、后人、座谈会——从周围人看沈理源

在课题调研过程中，大量知情人士为课题的展开提供了相关线索或资料，在熟悉沈理源的人当中，他们无一例外都对其为人处世及生活工作态度等给予高度评价，人们对沈理源先生的回忆和评价对我们全面了解这位建筑大师提供了多方位佐证。

与朋友之间

沈理源对待周围人无论客户、朋友还是学生都真诚相待，对他们都热情豪爽，平易近人，在他们需要帮助时会主动伸出援助之手。

在积善里21号长住的除了沈家还有两位客人，那就是长期跟随沈理源先生的陈士桐和汪瑷瑛，生活上沈先生把她们"像女儿一样看待"[①]。例如：陈式桐和陈学坚都是沈先生的学生，分别毕业于北大工学院建筑系和天津工商学院建筑系，他们的婚姻就是自己的老师撮合成的，为此沈先生还曾特意陪着他们一起去看电影，"只是到电影院后沈先生便很快打起瞌睡来了"[②]……

---

① 陈式桐老师采访录。
② 陈式桐老师采访录。

沈理源在他读书的南洋中学有一位杭州同乡钱家瀚，两人之间一直保持较近的个人关系。当沈理源1915年毕业于意大利拿波里大学建筑专业时，钱家瀚1916年硕士毕业于哥伦比亚大学矿冶专业。可惜的是，1926年正值英年的钱家瀚因病早逝，于是其家庭的生计问题便出现了危机。从此，为人豪爽的沈理源便责无旁贷一直接济钱家，直到钱家瀚的女儿17岁时，沈理源还以每月5个银圆的费用资助他们（当时警察的月薪是每月8个银圆）。后来两家之间发展成百年世交，目前后人之间仍保持密切交往。

沈理源在银行界有一定的影响，不仅仅因为他在业务上的较深造诣，还因为他对业主的认真负责。那时候作工程设计，经济账算得是很细的，沈先生知识面广，能从设计、材料、施工各个环节为业主提供好的建议，深得业主信赖。因此往往一个工程的设计任务完了，沈先生的工作还不能结束，业主还会邀请沈理源先生协助下面的工程施工招标和施工监理等工作。除了对业主负责，沈理源对施工承包商也是真诚相待，一个工程下来往往是由于沈理源和施工商同心协力，工程才得以顺利进展并取得经济、质量多方面的成功。现年（2001年）86岁的徐志荣先生当年是沈理源的工程承包商之一，中南银行的加建就是徐先生和沈理源共同完成的，因为要加建第三层，二层上的一个大穹顶需改到三层，普通做法一般是拆了重做，而在沈先生和徐志荣先生的共同研究后，在当时的施工技术条件下竟能成功地把大穹顶整个垂直移到第三层，这样做不但实现了提高施工技术的意义，而且省去了大型结构拆除以及重新制作大穹顶所带来的人工和材料的巨大浪费，为业主节省了工程费用，为施工方提供了实现自己的机会。

后人

沈理源在教授学生、培养弟子的同时，对子女的教育也很重视，在他的培养下，他的五个子女都上了大学。长女沈韵梅东吴大学数学系学习，后来到北大工学院建筑系和天津工商学院建筑系教美术，次子沈匡德天津大学建筑系毕业，现在石家庄市任建筑师。另外三个子女大学毕业后都从事了教师职业。由于受沈理源先生的影响，他的后人们亦有不少从事建筑。

顾宝琦：教授级高级工程师，1915年生于杭州，18岁跟随沈理源学徒，后与沈韵梅结婚成为沈理源婿。1950年沈理源在北京椿树胡同去世后，顾宝琦担起全家的生活重担，与吴文翰、徐志荣等创建宏都建筑师事务所，地址仍设在椿树胡同32号。1952~1955年正是全国生产恢复时期，建筑项目比较多，顾宝琦在宏都建筑事务所设计有北京工业大学建校工程、北京师范大学屋顶天文台、原东德大使馆大使住宅、缅甸驻华大使馆职员住宅等，后来公私合营，个人事务所逐渐取消，1957年顾宝琦与全家来到天津，进入天津市房管局工作[①]。

沈匡德：沈理源次子，1939年生，1963年考入天津大学建筑系，毕业后在东北工作20年，1985来石家庄进入河北省建筑研究设计院。主要建筑作品：省委办公楼、石家庄玉桐国际体育中心。

顾放：沈理源外孙，天津大学建筑系毕业，历任天津市规划局总工，天津市建筑设计院副总工程师。主要建筑作品：天津宁发花园别墅（卫津南路1994年）、天津旅游干部学院（紫金山路1992年）、天津红旗影剧院（中环红旗路口1985年）等。

座谈会

2001年6月，为纪念沈理源先生诞辰101周年，天津大学建筑学院举办了"院史暨沈理源研究座谈会"，（图113，图114）

---

① 中国专家人名辞典编委会. 中国专家人名辞典·天津卷. 天津：天津社会科学院出版社，1994.

图 113　座谈会现场

图 114　座谈会现场

与会者有学院专家，也有沈理源当年的助教、学生，大家在缅怀沈理源先生的同时，也为将来的教学改革提供了有益的启示。由于是大家座谈，谈话内容较散，缺乏系统性，但是从建筑前辈们只言片语的回忆中，我们可以复原出沈理源先生做事严谨而思想开通、作风务实而才识广博的建筑一生。

王炜钰：当年沈理源在北大的助教，1945年毕业于北平大学工学院建筑系，现为清华大学建筑学院教授。直到50多年后的今天，谈起沈先生时，言语间仍然充满敬仰之情，她说"沈先生修养很深，也很爱才"，"在北大建筑系，沈先生是几个老师中惟一一个建筑艺术修养很高的老师"（朱兆雪和钟森偏重于工程和结构），"当时社会上许多建筑师从建筑事务所来学校讲课，他们的施工图都很好，但建筑艺术和表现力一般较差，因此沈先生就显得很有特点"。

王炜钰回忆说，当年"有幸被沈老师看重并留校任教"是一件很不容易的事情，因为按传统的观点在建筑设计上女生不如男生有发展潜力，因此不如男生受重视。沈理源排除偏见，在师资力量的培养上仍然选择了王炜钰。沈先生不仅爱才还注意培养人才，王炜钰"刚毕业就得上讲台，年龄只比学生大一、二岁，讲课时很紧张，但因此也会更加努力去做好。"王炜钰教授当年作为沈理源的助教，对沈理源先生有着深刻的印象："沈先生是我的恩师，他待我如同父女关系"，"在北大的几个老师中，沈先生英语较好，讲课言语中常常夹带流利的专业英语（朱兆雪和钟森不会讲英语），他对外国建筑思潮及其代表人物了如指掌，又因为留学意大利，对建筑细部掌握得较为熟练到位，因此更显得与国际接轨。""当年沈先生是北方有名的几大建筑师之一，凭他的水平，如果能活到新中国成立后许久，其影响应该不比梁思成、张镈等差。""那年代，西洋古典是一种比较高贵的建筑风格，常常用在比较高级的建筑物上，因此银行建筑由中国人来设计已经很难得"，"相对于其他老师，沈理源更擅长于建筑艺术，因此学生们常常以得到沈先生的指导为荣幸。"

陈淑琴：当年沈理源在天津工商学院的助教，1949年毕业于天津工商学院建筑系，现为天津美新设计公司总建筑师。她说："沈理源先生对专业非常投入，陈炎仲去世后，沈先生不太愿接替工商建筑系主任职务，而是仍愿意专心从事专业教学"，"由于沈先生在北大和工商学院都兼职教授，两校建筑系又都是北方有名的建筑系，因此工商与北大的建筑学生进行过专业交流并搞过联欢，那是一次篝火晚会，工商的学生当晚住在了北大的学生宿舍"，"沈先生在设计中是比较重视室内设计的，无论住宅还是银行他都把室内做得很细"。"沈理源先生改图很细，细节交代得很清楚，对学生来讲是受益匪浅的"。

冯建逵：当年沈理源在北大和工商两校的助教，一直跟随沈先生直到其去世，现为天津大学建筑学院退休教授。他认为：沈理源先生教学一个大的特点就是强调动手，要求眼光要高，手也要跟得上；沈先生很注意为人师表，在教学上诲人不倦，在设计上一丝不苟，在生活上乐于助人。

沈匡德：沈理源后人，天津大学建筑系毕业，建筑师。他回忆说："父亲对他的学生都很好，许多学生曾都到家里找过父亲，当年还有两位女学生（陈式桐和汪瑷瑛）曾长时间住在家里（沈家）"。"新中国成立前沈先生与地下党应该是有关系的，印象中每次进门后把门关上的陌生客人大概就是地下党……另外天津解放，解放军进城后安民，沈先生曾带领两个解放军战士在积善里一带挨户进行过慰问，说明新中国成立前他与共产党是有联系的"。

顾放：沈理源后人。他回忆说："因年龄关系，对外祖父没有什么印象，不过文革时家中有一大柜子沈先生遗物，其中包括许多施工图，都被付之一炬"，"沈先生遗物如今很少有保留下来的，能找到的也只有《西洋建筑史》和一本留学时的作业集了"。

彭一刚：天津大学建筑学院教授，中科院院士。他说："现在，老一辈建筑家中，梁思成的知名度已不仅仅在建筑界，杨廷宝、童寯等的知名度也很高，沈先生如果不是英年早逝，名气也不会低"。"天大（建筑系）历史比较复杂，跟天津工商学院（建筑系），唐山交大（建筑系）都有关系，如果这个课题搞的再早一些就好了，那时张镈、顾宝琦等都还在世。如今为沈先生写一部完整的个人史已很难，现在的关键是人（提供的线索）"。"（今天这个课题）会上解决不了的，会下可以再继续，应该像抢救古文物似的，分秒必争"。

王其亨：天津大学建筑学院教授，该课题的硕士生导师。他说："沈先生是近代中国建筑史上一位很有作为的建筑家，在近代中国早期的建筑实践中是一个先驱者"，"他是天津工商学院（建筑系）的创始人之一，因此也应是天津大学建筑系的奠基人"，"沈理源先生在建筑设计、建筑教育、社会活动等多个领域都曾担任过职务，对他进行个案研究也是院史研究及近代北方建筑教育研究的一个重要组成部分，这对于理清他在近代建筑史上的影响和历史地位以及挖掘学院历史都有重要意义。"

在这次会议上，学院领导和学院教师如张颀、沈玉麟、胡德君等也谈了自己的看法。在此不一一赘述。通过这次座谈会，大家一致认为沈理源先生是近代中国建筑史上一位很有特色的建筑师，无论从设计、教学还是从其他建筑实践上讲，他都是一位值得纪念的建筑师。

纵观沈理源先生的一生，他在建筑设计，建筑教学、建筑史研究等方面都作出过开创性的贡献。他较早建筑留学归国（1915年），他较早经营建筑师事务所（1920年以前），他的许多建筑作品为近代中国建筑增添了光辉，他对北方早期的建筑教育作出不可磨灭的贡献，他最早关注文物建筑保护及其测绘工作（1920年测绘胡雪岩故居），他为中国建筑学生翻译了第一部世界建筑史教材……

因此我们有理由说,沈理源先生是近代中国建筑史上一位杰出的建筑先驱者。他对中国近代建筑的发展作出了重要的贡献,他应该是我国近代建筑史上的一位杰出

建筑大师

建筑史学家

建筑教育家……

附表1 1930年以前留学毕业的部分中国建筑师简介

姓名	生年	毕业学校	毕业时间(年)	简介
贝季眉	1876	德国柏林工业大学	1914	曾任国立中央大学建筑系教授，曾任职于司法部建筑处
庄 俊	1888	美国伊利诺大学	1914	开设庄俊建筑师事务所，新中国成立后曾任中央建筑设计院总工程师等职
沈理源	1890	意大利拿波里大学	1915	经营华信工程司，曾任北平大学艺术学院建筑系主任
关颂声	1892	美国麻省理工学院	1917	曾创办基泰建筑工程司，中国建筑学会早期会员
朱士圭	1892	日本东京工业大学	1919	创办苏州工业专门学校建筑科
柳士英	1893	东京高等工业学校	1920	创办苏州工业专门学校建筑科，参与组建华海建筑事务所
张光圻	1897	美国哥伦比亚大学	1920	早期中国建筑学会会员(1932年)
李锦沛	1900	美国HSB研究所建筑科	1920	创立李锦沛建筑事务所，1927年加入中国建筑师学会
范文照	1893	美国宾夕法尼亚大学	1922	创办范文照建筑师事务所，1928年曾任上海建筑师学会会长
朱兆雪	1903	比利时根特大学(建筑)	1923	1938年任国立北平大学建筑系主任

续表

姓名	生年	毕业学校	毕业时间（年）	简介
赵深	1898	美国宾夕法尼亚大学	1923	创办华盖建筑师事务所，曾任之江大学建筑系教授
刘敦桢	1897	东京高等工业学校	1923	1922年创办华海建筑师事务所，曾参加营造学社，以及任国立中央大学建筑系主任等职
吕彦直	1894	美国康奈尔大学	1924	创办彦记建筑事务所，设计南京中山陵、广州中山纪念堂等
杨锡镠	1899	南洋大学土木工程科	1924	1924年任凯泰建筑公司建筑师，1930年在上海自办杨锡镠建筑师事务所
杨廷宝	1901	美国宾夕法尼亚大学	1924	曾在基泰工程司及中央大学建筑系任职
黄祖淼	?	日本东京工业大学	1925	曾任教于苏州工业专门学校建筑科
罗竞忠	1905	比利时沙勒罗瓦大学	1925	1946年曾任国立重庆大学建筑系主任
刘福泰	1893	美国俄勒冈州立大学	1925	曾任国立中央大学建筑系、国立北洋大学建筑系和唐山工学院建筑系系主任等
汪申伯	1894	法国	1925	1928年曾任国立北平大学艺术学院建筑系教授等职
董大酉	1899	美国明尼苏达大学	1925	创办董大酉建筑师事务所
卢毓骏	1904	巴黎国立公共工程大学	1925	1925年在巴黎大学都市计划学院作研究员，1929年回国在考试院任职
林克明	1900	法国里昂中法大学	1926	1932年曾任省立广东工学院建筑系主任
罗邦杰	1892	美国明尼苏达大学	1926	1930年任大陆银行建筑师，1935年自办罗邦杰建筑师事务所
黄家骅	1895	美国麻省理工学院	1927	1934年任沪江大学建筑系主任，1942~1946年重庆大学建筑系主任

续表

姓名	生年	毕业学校	毕业时间(年)	简介
梁思成	1901	美国宾夕法尼亚大学	1927	1928年曾任东北大学建筑系主任，1946年任"国立"清华大学建筑系主任 1930年参加营造学社。
林徽因	1904	美国宾夕法尼亚大学	1927	1928年参与创办东北大学建筑系，1946年后在清华大学建筑系任教
陈植	1902	美国宾夕法尼亚大学	1927	曾创办华盖建筑师事务所，曾任之江大学建筑系主任
童寯	1900	美国宾夕法尼亚大学	1928	曾创办华盖建筑师事务所，曾任东北大学建筑系主任
虞炳烈	1901	法国巴黎美术专科学校	1929	1937年任国立中央大学建筑系主任
奚福泉	1902	德国柏林工业大学	1929	1930年加入中国建筑师学会，1931年创办启明建筑公司
谭垣	1903	美国宾夕法尼亚大学	1929	曾任国立中央大学教授、同济大学建筑系教授等职
徐敬直	1906	美国密西根大学	1930	曾在兴业建筑师事务所任职
陆谦受	1906	英国建筑学会建筑学校	1930	1935年当选中国建筑师学会副会长，1945年与吴景祥、黄作燊、陈占祥等组合五联建筑师事务所

说明：
1. 本表是在邹德侬著《中国现代建筑史》相应表格基础上汇总而成的。
2. 本表建筑师排列顺序以留学毕业时间先后为序。

附表 2 沈理源大事年表

1890 年 7 月 12 日	出生于浙江余杭县
1908 年左右	毕业于上海南洋中学，赴意大利留学
1915 年	毕业于意大利拿波里大学，学成回国
1916 年左右	短时间担任黄河水利委员会工程师
1917 年	长女沈韵梅出生（后为北大建筑系教员）
1918 年	设计北平劝业场（前门附近）
最晚 1920 年	在华信工程司工作
1920 年	测绘杭州胡雪岩故居
	设计北京真光电影院
最晚 1921 年	主持天津华信工程司工作
1921 年	设计天津的浙江兴业银行
1922 年	设计天津孙传芳公馆
1923 年	设计杭州浙江兴业银行
1924 年	设计北平开明戏院
1925 年	设计天津盐业银行和中华汇业银行（后改中央银行）
1928 年	兼任北平大学艺术学院建筑系教授
1930 年	参加上海市中心区域规划设计竞标

1930年2月	获上海特别市市政府新屋图案竞赛等外奖
1931年	设计清华大学化学馆
1932年9月	获北京市工务局准予执行业务并发给执照
1933年左右	已经在上海从事设计工作，顾宝琦开始跟随沈理源
1934年	设计天津新华信托银行、清华大学诸馆
1934年	北京大学工学院建筑工学系主任，兼（私立）天津工商学院建筑系教授，工商建筑工程学会会员
1935年	天津市公务局建筑技师登记（《天津市公务局业务报告》1935年）
1936年	设计洛阳道住宅，并定居该地十余年
1937年	天津工商学院建筑系教授，1939年以后任系主任
1938年	北平大学工学院建筑系教授
1939年	设计天津民园西里住宅
1944年	翻译出版《西洋建筑史》
1946年左右	兼任北洋大学平部建筑系教授
1949年左右	出任天津市建委总工，国家贸易部基建处总工
1950年10月21日	因心脏病于北京去世

附表3 沈理源先生部分作品表

序	原 名	现 名	年月	地 址	资料来源
1.	北京劝业场	新新时装公司	1918	前门廊房头条17#	冯建逵先生等
2.	真光电影院	中国儿童剧院	1920	东安市场对过	《中国近代建筑总览·北京篇》
3.	开明电影院	珠市口电影院	1922	珠市口西大街28#—（拆）	《中国近代建筑总览·北京篇》
4.	中国饭店	不详	1925	珠市口西大街—（拆）	《北京晚报》01/3/1
5.	北京盐业银行	工商行宣武分行	1925	宣武区前门西河沿7#	宣武区市级文物保护单位一览表，宣武区政府网2006.4月
6.	万安公墓规划	万安公墓	不详	北京西郊	沈匡德先生
7.	北大图书馆	《求是》杂志办公楼	1935	东城区沙滩北街2#	冯建逵先生藏图
8.	中央银行扩建	不详	1946	北京西交民巷	《我的建筑创作道路》P51
9.	外贸部大楼（初期）	外贸部大楼	1951	后由徐中、陈式桐等接手	陈式桐先生
10.	上海中孚银行	不详	1934	北京	北京市档案馆档案 J17/1/754
11.	国华银行	不详	1935	北京	北京市档案馆档案 J17/1/1108

（地址栏通列：北京市）

续表

序	原名	现名	年月	地址		资料来源
12.	清华化学馆	清华化学馆	1931	清华大学	清华园	清华校档案馆
13.	清华机械馆	清华机械馆	1934		清华园	
14.	清华电机馆	工程力学馆	1934		清华园	
15.	清华新林院	西院住宅	1934		清华园	
16.	清华旧饭厅	清华旧饭厅	1934		清华园	
17.	清华航空馆	清华航空馆	1935		清华园	
18.	清华体育馆扩建	清华体育馆	1935		清华园	《中国专家人名辞典·天津卷》
19.	胡雪岩故居测绘	胡雪岩故居	1920	杭州	杭州市河坊街	《北京青年报》01/1/22
20.	杭州浙江兴业银行	杭州工商银行	1923		杭州市中山路261号	《20世纪中国建筑》
21.	天津浙江兴业银行	永正裁缝店及商场	1921	天津市	天津和平路237#	房管局档案
22.	曹汝霖住宅	不详	不详		山西路与锦州道交口	《近代中国天津名人故居》
23.	孙传芳公馆	市计生委	1922		天津泰安道41#	《中国近代建筑总览·天津篇》
24.	许氏住宅	不详	1926		睦南道11号	
25.	周明泰故居	长芦盐业公司	不详		天津河北路273#	《天津近代建筑》
26.	老九章住宅	不详	不详		天津	
27.	王占元宅（三栋）	工人疗养院	不详		天津河北区大理道62#	
28.	天津盐业银行	工商银行	1925		天津赤峰道12#	房管局档案
29.	中华汇业银行（中央银行）	中国人民银行	1925		天津解放路117#	
30.	新华信托银行	市百货大楼	1934		天津解放北路8-10#	
31.	启新洋灰公司楼（改建）	华信改建	1934		天津大沽北路85号	《天津近代建筑》
32.	新华村住宅	住宅	不详		天津 成都道	
33.	守善里住宅	住宅	不详		天津 大理道	

续表

序	原 名	现 名	年月	地 址		资料来源
34.	生生里住宅	住宅	不详		天津	沈韵梧、顾放先生
35.	积善里宅（华信址）	住宅	1936		天津洛阳道21#（三栋）	房管局档案
36.	金城银行（改建）	农村工作委员会	1937		天津解放北路108#	
37.	中南银行（改建）	建设银行	1937	天津市	天津解放北路88#	
38.	中国联合准备银行（改建）	不详	1938		天津解放路268#	
39.	民园西里住宅	住宅	1939		天津 常德道	《天津近代建筑》
40.	中国平安保险公司	不详	1943		天津解放北路145#	房管局档案
41.	国华银行（改建）	不详	1946		天津解放北路52#	《当代中国建筑师》
42.	上海愚谷村	不详（华信设计）	1927		南京西路1892弄	
43.	愚园路人和地产公司住宅	不详（华信设计）	1935		不详	
44.	上海中华劝工银行	不详（华信设计）	1937		南京东路326—336号	
45.	上海高桥海滨浴场	不详（华信设计）	不详		浦东高桥	伍江提供
46.	上海静安寺路住宅	不详（华信设计）	不详	上海市	不详	（沈理源在上海华信的合作者为杨润玉、杨玉麟）
47.	上海民乎路住宅	不详（华信设计）	不详		不详	
48.	上海三民路住宅	不详（华信设计）	不详		不详	
49.	上海体育会路住宅	不详（华信设计）	不详		不详	
50.	上海政同路住宅	不详（华信设计）	不详		不详	
51.	上海市愚园路住宅	不详（华信设计）	不详		愚园路361弄	《上海近代城市建筑》p146

续表

序	原 名	现 名	年 月	地 址	资料来源
52.	上海人和里住宅	不详（华信设计）	不详	不详	《上海近代城市建筑》p100
53.	上海市中心区域规划设计（竞标）	上海市中心区域规划	1930	上海市中心区域	《上海市中心区域规划》，http://www.classicalbuilding.com，2001/9/20

说明：沈理源的大量建筑作品资料来源有多种渠道，本表只取相对客观性较强，可信度较高的一种作为依据。

附记　天津大学建筑学院前身及其古建测绘史

　　本篇小记所述天大建筑学院前身与沈理源先生有着千丝万缕的联系，而天津大学建筑学院的古建测绘史也与沈理源先生一脉相承。因此特附小记以充实史料。

　　通常认为，天津大学建筑系诞生于1952年的全国院校合并时，创建人为系主任徐中。历史上，该系与三个院校的建筑系有着直接承传关系或曲折历史联系，它们分别是：①天津工商学院建筑系[1]；②国立唐山工学院建筑系[2]；③北洋大学建筑系[3]。1952年，全国院校合并，天津工商学院建筑系和唐山工学院建筑系并入天津大学，与土木系共同组成天津大学土木建筑系。张湘林任系主任，徐中任建筑教研室主任，周祖奭为教研室秘书。直到1955年建筑才与结构分开而独立成系。

　　从天津大学建筑系组系时的师资情况看，1952年的天大建筑系已经不再是一个新建院系初生时的模样，而是一个已经具备相

---

　　[1]　1948年改称津沽大学，1952年并入天津大学建筑系，当时主要教师有冯建逵、黄庭爵、宋秉泽等。
　　[2]　1952年并入天津大学建筑系，当时主要教师有徐中、周祖奭等。
　　[3]　1946年接纳北大工学院建筑系而组成北洋大学北平部建筑系，1947年新建北洋大学建筑系，系主任刘福泰。

当规模的大学建筑系。所以它的历史应该追溯到更为久远的建筑组系以前。

1．天津工商学院（1949年改为津沽大学）建筑系

天津工商学院是一座天主教会创办的私立学校，地址在现天津外国语学院校址处。天津工商学院建筑系是20世纪30年代中国北方有名的三大建筑系（东北大学建筑系、北平大学工学院建筑系、天津工商学院建筑系）之一，它创办于1937年、由1937年夏土木系三年级的学生转到建筑系而成，1939年培养出第一届毕业生。

建筑系第一任系主任陈炎仲，留学英国，1940年去世。第二任系主任由沈理源接替。主要任课教师多是来自当时在平津地区开设建筑设计事务所的知名建筑师，如沈理源、穆勒（Mr. p.Muller）、阎子亨、张镈、林世铭、杨学智、黄庭爵等。因此天津工商学院建筑系强调为把学生培养成为职业建筑师的全面训练，坚持倾向于工程技术与设计实践密切结合的教学指导方向。建筑系沿袭法国学院派教学体例，课程重视建筑艺术与工程实践。

1948年10月天津工商学院改称津沽大学，时任建筑系主任为阎子亨。1952年津沽大学建筑系并入天津大学建筑系。

2．国立唐山工学院建筑系

1946年国立交通大学唐山工学院迁回唐山，改称国立唐山工学院，设有建筑系。建筑系初创时教师队伍只有林炳贤一人，因此由其一人讲授所有课程并任系主任。后来，留学英国的林炳贤请来开滦矿务局总建筑师约根森（英籍丹麦人）教徒手画。之后刘福泰、戴志昂、徐中等都曾在本系任教。建筑系第一期学生有20人入学，由于战乱毕业时只剩8人，周祖奭为该系第一届毕业生。

1948年解放战争时期，唐山工学院迁校上海，林炳贤去了香

港。由刘福泰任系主任，次年又迁回唐山，中国营造学社社员卢绳就是这次复课后增加的教员之一。

1950年，学校改称北方交通大学唐山工学院，原中央大学建筑系教授徐中及刚刚留美回国的沈玉麟等充实进建筑系教师队伍。

1951年5月，唐山工学院在北京西直门外建校舍，创建北京铁道学院（现北方交大校址），徐中任系主任，唐山工学院建筑系开始迁址到北京。1952年该系合并到天津大学建筑系，仍由徐中任系主任。

3. 北洋大学建筑系

这是一段关于北洋大学北平部建筑系的一段曲折历史，虽然短暂，但它曾是北洋大学历史上的第一个建筑系，而且沈理源在这个阶段作为主要教师也曾在此任教，因此它作为天津大学建筑学院的一段历史碎片理应被记述。

抗日战争时期华北沦陷，大量学校南迁，北洋大学在天津停办。抗日战争胜利后，1946年1月教育部下达恢复北洋大学的函令[1]，北洋大学开始着手恢复，地址在天津红桥区北洋桥一带。1952年院校合并时校址才迁到七里台现天津大学校址处。

1946年8月，根据国民政府教育部指令，北洋大学接收北京大学工学院成立北洋大学北平部（北京大学工学院是日伪时期在原北平大学工学院旧址上成立的，抗战胜利后接受国民政府改编，并入北洋大学[2]），接收后的北平部设有土木、建筑、机械、电机、应用化学五个系。其中的建筑系即为原北大工学院建筑系，由此，

---

[1] 北洋大学—天津大学校史编辑室编. 北洋大学—天津大学校史. 天津：天津大学出版社，1990.

[2] 1938年华北伪政权借原北京大学名义成立"国立北京大学"，将原北平大学工学院改为"北京大学工学院"，内设建筑工学系。这时的北大校园比较分散，其中"沙滩"地区是比较主要的活动区，沈理源设计的北京大学图书馆就坐落在这里。

北洋大学拥有了第一个建筑系。此时北洋大学校长金问洙，北平部建筑系主任朱兆雪，教员沈理源、钟森、赵正之等。这一年毕业的学生有陈式桐、周济生（今名李策）等，因此他们同时拥有了北大和北洋大学的双重学籍。下一年毕业的臧尔忠、祁英涛等也同样拥有双重学籍。

不过时间不久，即1947年第一学期，北洋大学北平部又被北京大学收回，改回北京大学工学院[①]，此时北大校长是胡适。1952年，北京大学工学院建筑系并入清华大学建筑系。

1947年，战后重建需要大量建筑人才。经教育部批准，在北平部撤销的同时，北洋大学增设建筑工程学系。系主任刘福泰，教员苏吉亨、杨若余等，本年建筑学生18人。[②]

随着国内战事动荡，不久刘福泰离开北洋大学奔赴唐山、上海等地，从此一直到1952年院校合并，北洋大学建筑系处于停滞状态。

这三个院校的建筑系都有自己的一段发展历史，其中以天津工商学院建筑系历史最久，影响也最大。因此天大建筑系的历史最早可以追溯到1937年的天津工商学院建筑系。在天大建筑系的创建及发展历史上，沈理源、刘福泰、徐中等建筑前辈在不同时期对本系的创建与发展发挥了重要作用。他们可以看作是天津大学建筑系创建与发展的奠基人。

2002年3月22日，天津《今晚报》就北京故宫即将全面维修发了一篇关于天大建筑系故宫测绘史的简短报道（图115）。记述了从20世纪40年代到90年代半个世纪的时间里，天津的建筑师生三测故宫，为故宫的保护与研究作出了重要贡献。

[①] 北平大学工学院、北京大学工学院、西北工学院1984年10月天津校友录。
[②] 北洋大学—天津大学校史编辑室编.北洋大学—天津大学校史.天津：天津大学出版社，1990.

故宫即将全面维修引出一段历史佳话
天津师生三测故宫

本报讯（记者王军杰）近日，故宫将进行全面维修的消息传出，引出了发生在天津的一段佳话。20世纪40年代，天津工商学院建筑系（今天津大学建筑系前身）的师生，曾首次大规模对故宫进行测绘，所测绘的图纸如今已成为国级文物。

3月19日，正在进行相关方面研究的天津大学建筑学院研究生沈振森和该院教师张威向记者介绍了这段鲜为人知的建筑史佳话：天津有关建筑院校师生曾3次对故宫进行测绘，其中的首次测绘更具开创意义。

上世纪40年代，中国正遭日本侵略，出于万一紫禁城在战火中损毁后修复的考虑，时任天津工商学院教授、建国后曾设计人民大会堂、民族文化宫等著名建筑的建筑设计大师张镈，带领一批建筑专业学生对故宫的中轴线进行了系统测绘，参加测绘的师生基本上来自天津工商学院建筑系，天津工商学院毕业生虞福京、龚德顺等都参加了这次测绘。这次测绘历时三年半，得图纸360余张，这批图纸无论从专业要求还是从文物保护角度讲都具有很高的价值，现在都已成为珍贵的文物。此前，只有八国联军进北京时日本人伊东忠太在1901年做过20天的有限测绘。

第二次测绘是50年代后期，天津大学建筑系师生在徐中、卢绳、冯建逵、胡德君的带领下，对故宫御花园、慈宁宫花园、建福宫花园、宁寿宫花园进行了实地测绘，这对于改变人们言园林必称江南的旧观念起到了一定作用，是对于北方园林建筑艺术价值的再发现。

第三次是在90年代初，天大建筑系师生在王其亨、杨昌鸣等教授的带领下，对故宫的慈宁宫等文物建筑也进行了实地测绘，并取得了丰富的图纸。慈宁宫也是此次维修的第一个项目。据了解，近年来天大师生还对北京太庙、天坛、北海、十三陵等一大批古建筑进行了实地测绘。

图115 今晚报短讯（2002/3/22）

　　三测故宫，代表了天津大学建筑学院古建筑测绘的三个时代。如果把这段历史与天大建筑系发展史结合起来看就会发现，伴随着天大建筑学院的初创与发展，古建筑测绘史成为学院发展史上的一个重要特色。

　　天津大学的古建筑测绘历史悠久，成就卓著。作为天大建筑学院奠基人的沈理源先生，1920年就曾测绘杭州胡雪岩故居，其图纸成为近年修复该国宝单位的重要依据。1941至1944年，当时在天津工商学院建筑系任教的张镈先生（后来成为我国著名建筑大师）又曾组织师生测绘故宫等北京中轴线各建筑，至今仍以图纸精美而饮誉学术界。之后的50年代后期和90年代初期，以卢绳、徐中、冯建逵、胡德君、童鹤龄、沈玉鳞等为代表的天大建筑系师生又对故宫的御花园、慈宁宫花园、建福宫花园、宁寿宫花园等分两次进行了实地测绘，并取得宝贵成果。

古建筑测绘实习是一项多学科综合性的实践教学。通过协作与分工，能够培养学生分析问题解决问题的实践能力；通过对一个建筑项目深入细致的分析与详细的绘图，则培养了学生严谨的工作作风和扎实的审美素养。学生们通过测绘实习，既提高了建筑文化修养，综合素质也得到了锻炼与提高。从学院前身至今，本课程一直受到广大师生的重视与青睐，从资金倾斜到政策扶持，各个时期的领导都给予了重要支持。从课程的教学与实践中，各级学生培养起了对文物建筑的深厚感情和文化认知，这种氛围影响了各界毕业生。他们走向社会后，无论搞研究、设计，还是发展成为建筑大师，都在各自工作中体现出了对文物建筑的热爱与重视。

随着时间的推移，测绘技术和手段在不断地发展，从较早的皮尺丈量、尺笔或徒手绘图，到如今的仪器测量记录、相机拍照辅助、电脑数据化成图等，先进的设备手段为测绘工作提供了质量上和效率上的保证。半个多世纪以来，测绘技术不断发展，测绘师生也不断变换，但唯一不变的是天大建筑师生对古建文物的保护热情和对测绘工作的认真与严谨态度。

近年来天大师生陆续对北京太庙、天坛、北海、十三陵等一大批古建筑进行了实地测绘，并取得相应成果。1989年，该项教学实践荣获国家教委普通高等学校优秀教学成果国家级特等奖，2003年课程负责人王其亨先生因长年从事本课程教学工作，贡献突出，荣获首届国家级教学名师奖。2004年，天大古建教学组联合清华大学建筑学院发起了由天津大学、清华大学、北京大学、东南大学、同济大学等五所高校相关院系参加的"历史建筑测绘五校联展"，在建筑院校中产生巨大影响，2007年，天大古建筑测绘荣获"国家级精品课程"，2008年"文物建筑测绘研究国家文物局重点科研基地"落户天津大学。天津大学建筑学院多半个世纪的古建筑测绘，其实践与意义得到了国家的支持与认可。

如今，古建筑测绘实习已成为天大建筑学院的一个优良传统，成为天大建筑师生历来重视文物建筑保护的一个象征，它的足迹（图116）遍布多半个中国的省、自治区、直辖市，它的发展必将伴随着建筑系历史的发展而不断发展。

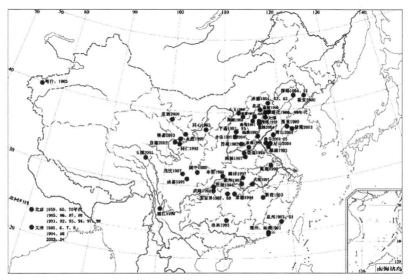

图116 天津大学古建筑测绘足迹（天津大学古建筑研究所）

参考文献

采访座谈资料：

1. 冯建逵先生采访录（天津大学），2000/9，2001/2.
2. 周祖·先生采访录（天津大学），2000/9，2001/3.
3. 王炜钰教授采访录（清华大学），2000/9.
4. 虞福京先生采访录（天津美新设计公司），2001/4.
5. 陈淑琴老师采访录（天津美新设计公司），2001/4.
6. 陈式桐、陈学坚老师采访录（东北设计院），2001/10.
7. 钱有为、黎江先生采访录（天津风荷园），2000/9.
8. 陈仁美老师采访录（天津大学），2001.
9. 李准先生采访录（北京市规划设计院），2001.
10. 伍江先生采访录（同济大学），2001.
11. 沈匡德先生采访录（河北省设计院），2001/3.
12. 沈韵梧老师采访录（天津市王顶堤），2001/5.
13. 顾放先生采访录（天津市规划局），2000/9.
14. 徐志荣先生采访录（天津大学），2001/5.
15. 天津大学建筑学院院史暨沈理源研究座谈会，2001.6.24.

学术专著：

16. B.Fletcher．西洋建筑史．沈理源译．天津：源记文具商行，1944.
17. 冯骥才主编．小洋楼风情．天津：天津教育出版社，1998.
18. 天津文史资料辑·24辑．天津：天津人民出版社，1984.
19. 林希．老天津·津门旧事．南京：江苏美术出版社，2000.
20. 中国政协天津市和平区委．近代中国天津名人故居．天津：天津人民出版社，2002.
21. 天津市地方志编修委员会编著．天津通志附志·租借．天津：天津社会科学院出版社，1996.
22. 傅熹年．中国古代城市规划建筑布局及建筑设计方法研究．北京：中国建筑工业出版社，2001.
23. 中国专家人名辞典·天津卷．天津：天津社会科学院出版社，1994.
24. 天津近代建筑编写组．天津近代建筑．天津：天津科技出版社，1990.
25. 邹德侬．中国现代建筑史．天津：天津科技出版社，2001.
26. 邹德侬．西方现代建筑史．天津：天津科技出版社，1996.
27. 荆其敏．天津的建筑文化．天津：天津大学出版社，1998.
28. 杨永生，顾孟潮编．20世纪中国建筑．天津：天津科技出版社，2000.
29. 陈志华．外国建筑史．北京：中国建筑工业出版社，1982.
30. 杨秉德主编．中国近代城市与建筑．北京：中国建筑工业出版社，1993.
31. 同济大学建筑与城市规划学院．中国城市建设史．北京：中国建筑工业出版社，1982.
32. 上海近代城市建设．南京：江苏科学技术出版社，1989.

33. 杨永生选编.台湾建筑师论丛·第二辑.北京：中国建筑工业出版社，1987.

34. 张复合编.建筑史论文集·第14辑.北京：中国建筑工业出版社，2001.

35. 黄延复.清华园风物志.北京：清华大学出版社，1988.

36. 陈从周.陈从周散文.上海：同济大学出版社，1999.

37. 张镈.我的建筑创作道路.北京：中国建筑工业出版社，1994.

38. 杨永生，明连生编.建筑四杰.北京：中国建筑工业出版社，1998.

39. 曾昭奋，张在元.当代中国建筑师·Ⅱ.天津：天津科学技术出版社，1990.

40. 南京工学院建筑研究所.杨廷宝建筑设计作品集.北京：中国建筑工业出版社，1983.

41. 林洙.叩开鲁班的大门暨中国营造学社史略.北京：中国建筑工业出版社，1995.

42. 伍江.上海百年建筑史.上海：同济大学出版社，1997.

43. 北洋大学—天津大学校史编辑室.北洋大学—天津大学校史.天津：天津大学出版社，1990.

44. 张复合.中国近代建筑总览·北京篇.北京：中国建筑工业出版社，1993.

45. 中国近代建筑总览·天津篇.北京：中国建筑工业出版社，1989.

46. 张复合编.第三次中国近代建筑史研究讨论会论文集.北京：中国建筑工业出版社，1991.

47. 张复合编.第四次中国近代建筑史研究讨论会论文集.北京：中国建筑工业出版社，1993.

48. 中国大百科全书总编委会编.中国大百科全书：建筑·园林·城市规划.北京：中国大百科全书出版社，1988.

49. 罗荣渠主编.从西化到现代化.北京：北京大学出版社，1990.

50. 赖德霖.近代哲匠录.北京：中国水利水电出版社，知识产权出版社，2006.

51. 王炜钰.王炜钰选集.北京：清华大学出版社，2004.

52. 沈振森，王其亨.沈理源与清华园的近代建筑 // 张复合.中国近代建筑研究与保护（三）.北京：中国建筑工业出版社，2004.

53. 沈振森.拓者多风采遗荫给后人 // 杨永生编.建筑百家回忆录续编.北京：知识产权出版社，中国水利水电出版社，2003.

54. 顾放，沈振森.中国第一代建筑师沈理源的建筑创作思想.建筑创作，2006.

55. Banister Fletcher's A History of Architecture Eighteenth Edition，1975.

56. Banister Fletcher's A History of Architecture Nineteenth Edition，1987.

57. Torsten Warner.German Architecture In China，1994.

学位论文：

58. 徐苏斌.比较交往启示——中日近现代建筑史之研究.天津大学博士论文，1988.

59. 张红红.中国第二代建筑师的建筑作品及创作思想研究.天津大学硕士论文，1995.

60. 赖德霖.中国近代建筑史研究.清华大学工学博士学位论文，1992年5月.

61. 魏篙川.清华大学校园规划与建设研究.清华大学硕士学位论文，1995.

后 记

本书内容基本源自沈振森2002年的天津大学建筑学院硕士论文，距今已有9年时间。当时的硕士论文从资料到成文都得到顾放先生的大力支持，而将文稿出版成书则是两人一直以来的心愿。

今值中国建筑工业出版社推出中国近代建筑名师丛书，主编杨永生先生将丛书《沈理源》一书的写作任务交给本书作者，从而有机会可以将沈理源先生这样一位中国近代建筑史上有特色的先驱者展示给更多的人，这对近代建筑史是一次史料补充，对当时支持帮助本课题研究的众位师长、朋友则是一种心愿的了结。由于才识和精力有限，本书作为总结只能是一个阶段性研究成果。也由于史料来之不易，本书最大限度地把调研过程中获得的一手资料融入书稿中，以期把该书写成一本集资料性、研究性于一体的人物传记，同时也为其他研究者提供必要的基础资料。书中大量图片均为一手资料，未注明出处者一般为作者资料。

经过几年积淀，又可以补充一些资料完善进原文中去，当年的一些建筑照片受条件所限不够清晰也在此一并改善。考虑到读者群的普遍性，也为增加可读性和通俗性，像盐业银行、开明剧院等建筑适当增加了少量故事性素材，以映衬沈理源先生建筑作品应有的光辉。而这部分素材有的在各种媒体中多次转载，已经很难查到原始出处，在此对原作者表示感谢和敬意。在此也很想提及为本书作序的王炜钰先生，作为年长的清华学人，她的优雅与敬业时常见诸报纸等媒体；作为沈理源先生昔日的学生，每当谈到自己的成就总是念念不忘恩师教诲；作为86岁高龄的我的师长，她的谦虚与热情总是令我心生感动。

本书的结稿离不开当年关心、支持本课题的诸位老师、长辈和朋友，更离不开我的专业领路人：恩师王其亨、恩师夏兰西，对他们的关心与帮助至今无法忘怀。在9年后的今天，对他们的感谢之情很难用普通后记的形式还原出来，故此在本后记之后，特别附上当年（2002年）论文的后记，以表达对诸位师长、朋友的真挚感情，也是对北洋园内青春时光的一份纪念。

附后记（2002年）

首先感谢我的导师王其亨先生和王蔚老师，是他们最大限度地给了我学习的自由空间，才使我能够在两年多的时间内充实我所需要并欠缺的东西，也由于他们对论文的悉心指导，才使我能够在走出校园之际，既在专业上充实了自己，又在学术上获得了提高。先生从我入学时就有针对性地给我布置了课题方向，并一直关注着论文的进展。论文的写作凝结了先生辛勤的劳动，从大方向把握到词句修改，恩师执著的敬业精神、严谨的学风、敏锐的才思、渊博的知识、洒脱的胸怀令我永远铭记，并时时鞭策我在自己的事业与人生道路上不断进取。

基础资料的调研过程是本课题成功的关键，其中所感所悟给我留下难忘印象。在两位导师的启迪下，在大量相关人员的支持帮助下，很多线索得以戏剧性地展开，进而顺利深入。线索和有关资料的搜集离不开大量知情人士的支持与帮助，他们当中有建筑界人士也有非建筑界人士，有古稀老人也有中青年人，出于对历史与知识的尊重与热爱、他们不遗余力付出了各种各样的热情。对于课题研究，他们是可敬的奉献者，对于笔者个人，他们是学习的榜样。

感谢冯建逵、周祖奭、沈匡德（河北省设计院）、沈韵梧、顾放、徐泽兰、虞福京、陈淑琴、王炜钰（清华大学）、陈式桐（东北设计院）、陈学坚（东北设计院）、李准（北京市城规院）、邹德侬、高辉、路红、伍江（同济大学）、吴葱、张威、温玉清、邓庆坦、钱有为、黎江、徐志荣、盛久远（杭州市文管所）等诸位前辈老师与同学，他们对论文的顺利进展都提供了直接且必要的帮助与支持。其中冯建逵、周祖奭两位先生给予我热情而细致的关怀，他们忘我敬业的精神、和蔼可亲的品德给我留下深刻印象，他们是两位可敬的老人。

本论文截稿，作为答卷，是对我所做工作的一次考验；作为成果，是众多前辈老师与同学共同帮助的结果。论文的深入，离不开学院领导与老师的支持，比如2001年6月24日专题座谈会彭一刚、张颀、岳启桐、严建伟、胡德君、沈玉麟、杨秉德、董西红等诸位学院领导与老师给予的各种帮助与支持，比如我的两位导师经常给予的专业指导和课题线索的提示等。通过撰写本文我无意中学习了一遍近代中国建筑史，它使我能够从多层面学习和认识建筑文化运动的规律，从而对现代建筑的渊源及其未来的把握更理性、更有依据。

对于我，在有限的时间内完成一本专业论文是一种精神压力，而在论文紧张进行中增加的情感压力，则把作论文变成了对我的一个考验。这期间是朱慧文同学给了我细致的关心和热心的帮助，使我在度过困难之后，增添了一种洒脱感和自信心。因为我相信，未来属于勇于解剖自己，敢于面对现实的、热爱美好的人。

如果说学位论文是对我研究生学习期间的一个总结的话,我愿意在此感谢能够使我在两年半的天大生活和学习期间所受益的所有人。感谢在我求学期间曾帮助过我的所有老师、同学和朋友!他们在有意或无意间为我所做的一切,伴随着真诚、善良和美好将永远定格在我的记忆中。

最后,特别感谢学院领导对本课题从选题到截稿期间的鼎力支持。

2011.5.27